# Ēdienu žāvētāja receptes
Garšīgi un veselīgi ēdieni no žāvētiem produktiem

Džesika Džeimsone

© **Autortiesības 2023 — Visas tiesības paturētas.**

Šajā grāmatā ietverto saturu nedrīkst reproducēt, pavairot vai pārsūtīt bez nepārprotamas autora vai izdevēja rakstiskas atļaujas.

Izdevējs vai autors nekādā gadījumā nav atbildīgs vai atbildīgs par jebkādiem zaudējumiem, atlīdzību vai naudas zaudējumiem, kas radušies šajā grāmatā ietvertās informācijas dēļ. Vai nu tieši, vai netieši.

**Juridisks paziņojums:**

Šī grāmata ir aizsargāta ar autortiesībām. Šī grāmata ir paredzēta tikai personīgai lietošanai. Jūs nedrīkstat modificēt, izplatīt, pārdot, izmantot, citēt vai pārfrāzēt nevienu šīs grāmatas daļu vai saturu bez autora vai izdevēja piekrišanas.

**Paziņojums par atruna:**

Izlasot šo dokumentu, lasītājs piekrīt, ka autors nekādā gadījumā nav atbildīgs par tiešiem vai netiešiem zaudējumiem, kas radušies šajā dokumentā ietvertās informācijas izmantošanas rezultātā, tostarp, bet ne tikai, — kļūdas, izlaidumi. vai neprecizitātes.

IEVADS .................................................................. 14
1. NODAĻA. Izpratne par dehidratāciju ..................... 18
    Bojājumu samazināšana ..................................... 24
    Pagarināts kalpošanas laiks ............................... 25
    Atkritumu samazināšana ..................................... 25
    Ēdienu garšas uzlabošana .................................. 25
    Vienkārša uzglabāšana ....................................... 26
    Garša (un uzturs) ............................................. 26
    Tīra ēšana ........................................................ 26
    Viegli pārnēsājams ............................................ 27
    Barības vielu saglabāšana ................................. 27
    Ķīmisko vielu trūkums ....................................... 27
    Ekonomiskās un finansiālās priekšrocības ........... 27
    Uzticamība ārkārtas situācijās ........................... 28
    Lielāka kontrole pār pārtikas saturu ................... 28
    Laiks, telpa un ietaupījumi ................................ 29
    Gatavība ārkārtas situācijām ............................. 30
    Augsta uzturvērtība .......................................... 31
    Augļu sagatavošana dehidratācijai ..................... 32
    Dārzeņu sagatavošana dehidratācijai ................. 32
    Gaļas sagatavošana dehidratācijai ..................... 33
    Graudu, riekstu, pupiņu un sēklu sagatavošana dehidratācijai ................................................... 34

Izmantojot savu dehidratatoru ......................... 34
Pārtikas gatavības noteikšana ......................... 35
Uzglabāšana ................................................. 36
Metodes ...................................................... 38
2. NODAĻA. Dehidratācijas metodes ...................... 43
Augļu sagatavošana dehidratācijai ................... 50
Dārzeņu sagatavošana dehidratācijai ................ 51
Gaļas sagatavošana dehidratācijai .................... 51
Graudu, riekstu, pupiņu un sēklu sagatavošana dehidratācijai ................................................. 52
Izmantojot savu dehidratatoru ......................... 52
Vienlaicīgi strādājiet ar nelielām pārtikas partijām. ................................................................. 58
Pārvietojiet pārtiku pirmapstrādei drīz pēc sagriešanas. .................................................. 58
Uzmanīgi noregulējiet siltumu. ......................... 58
Uzglabājiet žāvētu pārtiku hermētiskā traukā. .... 59
Mylar somas (metalizēti ieliktņi) ....................... 61
Ierobežojiet trieciena iedarbību uz gaisu. .......... 62
Noņemiet jebkuru mitruma avotu. ................... 63
Uzziniet maltās gaļas derīguma termiņu. ........... 63
Cik ilgi pietiks dehidrēta pārtika? ...................... 64
Vai dehidrējot pārtiku, tiek noņemtas (vai saglabātas) barības vielas? .............................. 64
Vai dehidrējošs ēdiens nogalina baktērijas? ........ 64
Vai dehidrējošs ēdiens palielina cukura līmeni ..... 65
Vai pagatavotu ēdienu var dehidrēt? .................. 65
Kā es varu uzglabāt žāvētu pārtiku? ................... 65

Pārtikas pirmapstrāde ........................................................ 66
Vanna ar askorbīnskābi vai C vitamīnu ............... 66
Ādas plaisāšana .................................................................. 66
Blanšēšana ............................................................................ 66
Vanna ar citronskābi ....................................................... 67
Uzglabāšana ......................................................................... 67
Dzesēšana ............................................................................. 67
Kondicionēšana .................................................................. 67
Iepakojums ........................................................................... 67
DIY mājas dehidrators .................................................. 68
Elektriskie dehidratatori ............................................. 68
Saldo kartupeļu čipsi ................................................................ 74
Tomātu un linsēklu krekeri ................................................ 75
Krekeri ar sēklām ...................................................................... 76
Ābolu kanēļa čipsi ..................................................................... 77
Vegānu maize .............................................................................. 78
Pūkainie vakariņu rullīši ...................................................... 79
Garšaugu un mandeļu krekeri ......................................... 80
Burkānu krekeri ......................................................................... 81
Saldo kartupeļu čipsi ............................................................. 82
Meksikas krekeri ....................................................................... 83
Linu krekeri .................................................................................. 85
Zaļie krekeri ................................................................................. 86
Jūras aļģu un tamari krekeri ............................................ 87
Ķiploku cukini čipsi ................................................................. 88
Bumbieru čipsi ............................................................................ 89
Banānu čipsi ................................................................................ 90

Sezama un burkānu krekeri ... 91
Zemesriekstu sviesta un banānu krekeri ... 92
Dārzeņi ... 93
Kļavu burkānu salmiņi ... 93
Dehidrēti sparģeļi ... 94
Rudens burkānu čipsi ... 95
Saldo kartupeļu čipsi ar garšvielām ... 96
Žāvēts ziedkāpostu popkorns ... 97
Cukini Bites ... 98
Gurķu čipsi ... 99
Dehidrēta okra ... 100
Žāvēti saldie kartupeļi ... 101
Dehidrēti rāceņi ... 102
Dehidrēti tomāti ... 103
Pikanti gurķi ... 104
Dehidrēta kukurūza ... 105
Karsti un pikanti kartupeļu standziņas ... 106
Indijas ziedkāposti ... 107
Citronu piparu dzeltenais apaļš cukini ... 108
Kūpināti čipsi ... 109
Kūpināti saldo kartupeļu čipsi ... 110
Spinātu bumbiņas ... 111
Skāba krējuma un sīpolu čipsi ... 112
Dienvidrietumu stila ziedkāpostu popkorns ... 114
Marinēti baklažāni ... 115
Vidusjūras stila kaltēti tomāti ... 116
Marokas burkāni ... 117

Gurķu parmezāna čipsi ........................ 118
Briseles kāpostu rančo ........................ 119
Sakņu dārzeņu maisījums ........................ 120
Cukini čipsi ar sāli un pipariem ........................ 121
Sāls un etiķis Gurķu čipsi ........................ 122
Saldie kāpostu čipsi ........................ 123
Saldās un sāļās apaļās bietes ........................ 124
Tex-Mex zaļās pupiņas ........................ 125
Vegānu brokoļu čipsi ........................ 126
Pielikumi ........................ 127
Kabaču čipsi ........................ 127
Baklažānu šķēles ........................ 128
Garšīgi cukini čipsi ........................ 129
Briseles kāpostu čipsi ........................ 130
Bbq saraustītas sloksnes ........................ 131
Drosmīga liellopa gaļa ........................ 132
Liellopu gaļa ar apelsīnu garšu ........................ 133
Pastrami saraustīts ........................ 134
Laša saraustīts ........................ 135
Kūpināts tītars ........................ 136
Smokey Mexican Jerky ........................ 137
Pikantā "hamburgera" zeme ........................ 138
Tītara gaļa ar garšvielām ........................ 139
Pikanti saraustīti ar harisas garšu ........................ 140
Salda un pikanta gaļa no medījuma vai liellopa gaļas ........................ 141
Teriyaki saraustīts ........................ 142

Taizemes saldais čili saraustīts ................................. 143
Piedzēries blēdis ................................................ 144
Kāpostu čipsi .................................................... 145
Žāvēti pipari .................................................... 146
Avokado čipsi .................................................... 147
Saldo kartupeļu čipsi ............................................ 148
Veselīgi cukīni čipsi ............................................ 149
Brokoļu čipsi .................................................... 150
Āzijas blēdis .................................................... 151
Liellopu gaļa ar ķiploku ......................................... 152
Marinēta zeme .................................................... 153
Gaļa ............................................................... 154
Saraustīts chipotle mērcē ........................................ 154
Paprikas cūkgaļa ................................................. 156
Liellopa bulgogi saraustīts ...................................... 158
sinepju liellopu gaļa ar balzamiko etiķi ......................... 159
Buffalo saraustīts ............................................... 161
Grilēt liellopu gaļu ............................................. 162
Saldskābā cūkgaļa ................................................ 164
Jēra gaļa ........................................................ 165
Liellopu gaļa .................................................... 166
Sukādes bekons ................................................... 167
Liellopa teriyaki saraustīts ..................................... 168
Vjetnamiešu liellopu gaļa ........................................ 169
Kūpināts bekons ar garšvielām .................................... 170
Citronu zivju zivis .............................................. 171
Laša saraustīts .................................................. 172

Zivju teriyaki jerky ............................................... 173
cajun zivju saraustīts .......................................... 174
Spēle saraustīta ................................................. 175
Hikorijs Kūpinātais Dreks .................................... 177
Alus liellopa gaļas saraustīts ............................... 178
Augļu receptes ...................................................... 180
Neapstrādātas vīģu bumbiņas ........................... 180
Garšvielu ābolu čipsi .......................................... 181
Pikantā zemeņu augļu miza ............................... 182
Blackberry tuile .................................................. 183
Augļu āda ........................................................... 184
Vaniļas-aprikožu šķēles ..................................... 185
Arbūzu konfektes ............................................... 186
Medus persiki ar burbonu .................................. 187
Aveņu rullīši ....................................................... 189
Žāvēti ābolu čipsi ar kanēli ................................ 190
Sukādes ķirbis ................................................... 191
Oranža augļu āda .............................................. 192
Žāvēts citrons .................................................... 193
Žāvēti papaijas kubi ........................................... 194
Žāvēti kivi ........................................................... 195
Ābolu kanēļa čipsi .............................................. 196
Plūmju un vīnogu miza ...................................... 197
Ogu miza ............................................................ 198
Žāvētas zemenes ............................................... 199
Lazdu riekstu banānu miza ................................ 200
Ābolu augļu āda ................................................. 201

Zemesriekstu sviests un banānu miza ................. 202
  Saldskābās dzērvenes ........................................ 203
  saldie "karameļu āboli" ...................................... 204
  Saldais kartupelis - kanēļa āda .......................... 205
  Garšīgs žāvēts mango ........................................ 206
  Tropu ananāsu čipsi ........................................... 207
Graudu, riekstu un sēklu receptes ....................... 208
  Mandeļu un dzērveņu cepumi ............................ 208
  "Neapstrādāta" labība no āboliem un riekstiem ..... 210
  Ābolu kanēļa Grehema cepumi .......................... 211
  Āzijas iedvesmoti rieksti ..................................... 213
  Banānu brokastu pankūkas ................................ 214
  Pamata "Mērcēti rieksti" ..................................... 215
  Linsēklu krekeri ................................................. 216
  Augļi un rieksti .................................................. 217
  Augļu un riekstu ķekari ...................................... 218
  Greiems krekeri" ................................................ 220
SECINĀJUMS ...................................................... 221

# IEVADS

Dehidrēti pārtikas produkti saglabā daudzas svaigas pārtikas uzturvielas daudz labāk nekā citas pārtikas konservēšanas metodes. Svaiga pārtika ledusskapī var zaudēt līdz pat 50 procentiem no savas uzturvērtības. Taču žāvētā pārtikā tiek saglabāti visi svaigās pārtikas antioksidanti un minerālvielas, kā arī lielākā daļa vitamīnu. Dehidrēti ēdieni sver mazāk un aizņem mazāk vietas pieliekamajā, padarot tos ideāli piemērotus ceļojumiem, pārgājieniem, gatavībai ārkārtas situācijām un darba dienu maltīšu gatavošanai. Nirsim iekšā!

Žāvēta pārtika parasti ir trausla un saliekta var pārgriezties uz pusēm. Ja pārtika pēc žāvēšanas joprojām ir mitra un vijīga, tā jāatgriež žāvētājā.

Vienkāršākais veids, kā saglabāt pārtiku, ir dehidratācija vai žāvēšana. Šī metode tiek izmantota jau vairākus gadus, lai nodrošinātu, ka ēdiens ilgst bez atdzesēšanas. Tas ir viens no lētākajiem un ātrākajiem veidiem, kā uzglabāt ražu vēlākai lietošanai. Žāvēšana samazinās arī mugursomām un kempingiem sagatavotā ēdiena svaru.

Dehidratācija ievērojami samazina jūsu ēdiena mitruma saturu, padarot to ilgāku kalpošanas laiku un saglabājot savu garšīgo garšu. Tas ir tāpēc, ka tas samazina jūsu pārtikas mitruma saturu līdz pieciem līdz divdesmit procentiem, un baktērijas, kas izraisa pārtikas bojāšanos, nevar izdzīvot šajā diapazonā. Noņemot mitrumu no pārtikas produktiem, kurus jūs mīlat ēst, jūs automātiski pagarinat to glabāšanas laiku.

Mitrumam atstājot ēdienu, tas bieži saraujas un iegūst ādainu, stingru tekstūru. Āda saburzīs, kad tajā esošais ēdiens sakrājas. Salīdziniet rozīnes ar vīnogām, kas ņemtas tieši no vīnogulāja, un jūs iegūsit attēlu. Vīnogas zaudē lielu apjomu, jo tajās esošais mitrums iztvaiko un kļūst par rozīnēm.

Dehidratācijas ieguvumi veselībai ir nenoliedzami; šī metode saglabā līdz pat 90 procentiem pārtikā esošo vitamīnu, minerālvielu un antioksidantu. Sasaldējot pārtiku, tiek saglabāta aptuveni tāda pati uzturvērtība kā dehidratācija, bet saldētai pārtikai ir īsāks glabāšanas laiks. Dehidrēti pārtikas produkti uztura ziņā ir pārāki par konserviem; konservēšanas procesa augstā temperatūra noārda C vitamīnu, A vitamīnu un daudzus B vitamīnus.

Dehidratācija ļauj kontrolēt pārtikas sastāvdaļas. Jūs varat izvēlēties, cik daudz cukura likt augļu ādā vai cik daudz sāls ievietot liellopu gaļā. Man īpaši patīk, ka jūs varat kontrolēt savstarpēju piesārņojumu ar parastajiem alergēniem, piemēram, kviešiem, zemesriekstiem vai soju.

Pārtikas dehidratācija ļauj man būt radošam gan ēdienreižu un uzkodu sastāvdaļu uzglabāšanā, gan izmantošanā. Tas arī vairo manu pārliecību, zinot, ka mana ģimene ir gatava ārkārtas situācijai, droši uzglabājot veselīgu pārtiku, pat ja pazūd strāva.

Šī grāmata ir sadalīta trīs daļās. Pirmajā sadaļā jūs atradīsiet pamatus, lai sāktu darbu, pat ja jūs nekad iepriekš neesat izmantojis dehidratatoru. Jūs uzzināsit par nepieciešamo aprīkojumu, par dažļem svarīgiem paņēmieniem, lai nodrošinātu, ka jūsu pārtika ir droša un tajā nav kaitīgo baktēriju, un to, kā iepriekš apstrādāt pārtiku, lai nodrošinātu uzturvielu, tekstūras, garšas un krāsas saglabāšanos gan žāvēšanas, gan uzglabāšanas laikā.

# 1. NODAĻA. Izpratne par dehidratāciju

Dehidratācija, tautā pazīstama kā "žāvēšana", ir sen praktizēta pārtikas konservēšanas metode. To var saukt arī par ūdens atdalīšanas procesu, iztvaicējot no cietas vai šķidras pārtikas. Tā mērķis ir iegūt cietu materiālu, ko pietiekami samazina ūdens. Šis process sastāv no pārtikas mitruma līmeņa pazemināšanas līdz zemākam līmenim, lai pagarinātu ēdiena kalpošanas laiku. Tas prasa ēdienam pievienot dažādus enerģijas veidus.

Ņemiet vērā, ka dehidratācija nav saistīta ar šķidras pārtikas mehānisku presēšanu. Vairumā gadījumu karstu gaisu izmanto, lai ēdienam pievienotu siltumu un samazinātu tā mitrumu.

Patogēnās baktērijas ļoti viegli izdzīvo kaltētas pārtikas nelabvēlīgā vidē. Tas nozīmē, ka, ja jūsu žāvētā pārtika tiek rehidratēta un apēsta, tā var izraisīt saindēšanos ar pārtiku. Protams, jūs nevēlaties piedzīvot saindēšanos ar pārtiku, lai saglabātu pārtiku vēlākai lietošanai.

Tātad, kas jums jādara, lai to novērstu, žāvējot pārtiku? Žāvējot pārtiku, izmantojiet augstas kvalitātes materiālus ar zemu piesārņotāju saturu. Augstas kvalitātes materiāli ar zemu piesārņojumu ir materiāli un instrumenti, kas īpaši paredzēti pārtikas dehidratācijai. Nodrošiniet arī visu instrumentu un virsmu pareizu sanitāro stāvokli un sausās pārtikas uzglabāšanas apstākļus, lai novērstu saskari ar putekļiem, grauzējiem, kukaiņiem un citiem mājsaimniecības kukaiņiem.

Kad esat nolēmis dehidrēt ēdienu, lai tas ilgāk kalpotu, jums ir pieejamas vairākas iespējas. Jūs varat žāvēt pārtiku ar gaisu, vakuumu, inertu gāzi, tvaicējot vai tieši uzkarsējot ēdienu. Gaisa žāvēšana parasti ir vispopulārākā un pieņemamākā metode. Tas ir labi acīmredzamu iemeslu dēļ. Izmantojot šo metodi, jūsu ēdiens pakāpeniski izžūst, un tas ir ļoti ērti. Un, jā, gaisa ir daudz, un tas ir bez maksas! Ļaujot ēdienam pakāpeniski nožūt, izmantojot gaisu, tiek novērsta ēdiena apcepšanās un krāsas maiņa, kas ir populāra citās žāvēšanas sistēmās.

Dehidrējošo pārtiku sāka lietot tajos laikos, kad agrīnie cilvēki izplatīja savu ražu vai medīja saulē, lai kaltētu. Tā ir viena no senākajām saglabāšanas metodēm, jo aizvēsturiskajiem cilvēkiem patika dažas sēklas pirms stādīšanas izkaltēt.

Zivis, gaļa un pārtikas augi gadu gaitā ir saglabāti, žūstot saulē vai dabiski izplatoties tuksneša karstumā, dažādās tuksneša vietās.

Pēdējā laikā Amerikas indiāņi gaļu uzglabāja, izliekot to saulē. Arī Ķīnas iedzīvotāji olas žāvēja saulē, un japāņi arī rīsus un zivis žāvēja zem saules stariem. Otrā pasaules kara laikā bija liela vajadzība pārvietot pārtiku no vienas vietas uz otru, un šis izaicinājums izraisīja modernu stratēģiju izstrādi pārtikas saglabāšanai un līdz ar to arī dehidratācijai. Tomēr 1975. gadā franči veica lielu izrāvienu karstā gaisa dehidratācijas attīstībā, kas ir pārtikas žāvēšana, pūšot pāri karstu gaisu.

Brūnināšanas reakcijas ir viena no visizplatītākajām ķīmiskajām reakcijām, kas rodas žāvētos pārtikas produktos. Tie veidojas, ķīmiskajiem savienojumiem žūstošā pārtikā reaģējot ar savienojumiem gaisā. Apbrūnināšana parasti tiek uzskatīta par nevēlamu, jo tā var mainīt ēdiena garšu, mainot tā izskatu. Maz zināms fakts par brūnināšanu ir tas, ka tā dažkārt var sabojāt ēdiena uzturvērtību, mainoties krāsai.

Daudzi augļi un dārzeņi tiek fermentēti brūnināti, kad tos sagriež un to mīkstumu pakļauj gaisam. Šāda veida aptraipīšana notiek arī tad, ja produkts tiek nomests, sasists vai citādi bojāts. Tā ir stresa reakcija, ko izraisa gaļā esošo ķīmisko savienojumu ātra pārvēršana brūnā melanīnā. Fermentus, kas izraisa brūnināšanu, var deaktivizēt, rūpīgi izmantojot siltumu, skābes vai ķīmiskas vielas, piemēram, sulfītus. Pārtikas blanšēšana un/vai pakļaušana citronskābes iedarbībai pirms ļauj tam nožūt var pietiekami novērst brūnināšanu, ja tā nav liela problēma.

## Dehidratācijas brīnums

Gadsimtu veca tehnoloģija, dehidratācija atdala mitrumu no svaigas pārtikas, lai baktērijas nevarētu vairoties. Dehidratācija saglabā jūsu pārtiku gadu vai ilgāk bez ledusskapja. Noņemot 90 procentus mitruma, ēdiens pastiprina garšu, koncentrē tā uzturvērtību un aizņem mazāk vietas jūsu pieliekamajā.

Vietās, kur relatīvais mitrums ir 30 procenti vai mazāks, augļus dabiski žāvē uz koka vai vīnogulāja tieši dārzā. Gaisa plūsma un siltums ir būtiski dehidratācijas procesam. Atstājot dabā, vīnogas lēnām pārvēršas par rozīnēm atkarībā no vietējiem laikapstākļiem. Bet daudzās vietās mitrums ir pārāk augsts, lai šis dabiskais process noritētu veiksmīgi. Pārtikas žāvētājs kontrolē temperatūras un mitruma mainīgos lielumus, paātrinot žāvēšanas procesu un nodrošinot gala produkta drošu saglabāšanu.

Pirmā pārtikas žāvēšanas iekārta tika izgudrota Francijā 1795. gadā, lai palīdzētu Napoleona karā. Tas izmantoja gaisa cirkulāciju un temperatūras kontroli, lai paātrinātu dehidratācijas procesu. Žāvēta barība ceļojošajām armijām bija noderīga, jo tā bija viegla, saglabāja savu uzturvērtību un aizņēma mazāk vietas nekā svaiga pārtika.

Divu pasaules karu laikā dehidrēta pārtika bija būtiska, lai nodrošinātu karaspēku, kā rezultātā palielinājās pieprasījums un turpmāki jauninājumi rūpnieciskā mērogā. Faktiski ātri pagatavojama kartupeļu biezeni radās kara laikā, izmantojot tehnoloģiju, kas iegūta, dehidrējot pārtiku karavīriem.

Interese par dehidratāciju mājās attīstījās lēnāk līdz 20. gs. 70. gadu vidum, kad "atpakaļ uz zemi" kustība palielināja interesi par mājas mēroga pārtikas konservēšanu. Reaģējot uz šo pieaugošo pieprasījumu, tika patentēti vairāki elektriski dehidratatori lietošanai mājās, kas piedāvāja gan gaisa plūsmu, gan siltumu.

Ja recepte prasa blanšēt augļus vai dārzeņus, tas parasti tiek darīts, lai apturētu vai palēninātu fermentatīvo darbību uz produktu. Pārtika, kas jāblanšē, pēc griešanas ir ātri jāapstrādā. Enzīmu darbība sāksies, tiklīdz augļa vai dārzeņa mīkstums tiks pakļauts skābeklim. Ja plānojat žāvēt lielu daudzumu produktu, vislabāk to darīt mazākās partijās. Mēģinot to visu izdarīt vienā partijā, sākumā sagrieztais produkts var pasliktināties līdz blanšēšanas brīdim, kad tas vairs nebūs lietojams.

Krāsas zudums var rasties arī žāvēšanas rezultātā. Šis efekts ir īpaši izteikts, ja lielu karstumu vai saules gaismu izmanto lapu dārzeņu un spilgtas krāsas dārzeņu žāvēšanai, kas krāsu iegūst no karotinoīdiem, taukos šķīstošiem pigmentiem. Pigmenti žāvēšanas laikā bieži izbalēs, un uzglabāšanas laikā tie var vēl vairāk izbalēt.

Žāvēta pārtika maina tekstūru, kad tiek noņemts mitrums. Tas ir saistīts ar vairākiem faktoriem, tostarp mitruma zudumu, izmaiņām celulozes materiālā un dažu pārtikā atrodamo savienojumu sadalīšanos. Žāvējot pārtiku pārāk augstā temperatūrā, ēdiena ārpuse var izžūt, pirms viss mitrums ir atstājis iekšpusi, radot tā saukto sacietējušo pārtiku. No ārpuses tie izskatās sausi, bet cietajā ārējā apvalkā joprojām ir pārāk daudz mitruma.

Lai gan var šķist, ka pārtikas žāvēšana ir invazīvs process, kas krasi maina ēdienu, patiesībā tas nav tik slikti, tiklīdz esat pārvarējis fiziskās izmaiņas. Tas ir vismazāk kaitīgs pārtikas konservēšanas paņēmiens, un pārtika, kas tiek žāvēta, saglabā lielāko daļu savas uzturvērtības. Citas konservēšanas metodes ietver ārkārtēja karstuma vai aukstuma izmantošanu, kas vēl vairāk kaitē tiem pakļautās pārtikas struktūrai un ķīmiskajam sastāvam.

No tehniskā viedokļa lielākā daļa pārtikas sāk sadalīties, tiklīdz tā ir novākta. Kad augs vai dzīvnieks vairs nav dzīvs, tas sāk zaudēt savu uzturvērtību. Sākumā šis zudums ir lēns, bet ātri paātrina strauju deģenerāciju, kad ēdiens sāk bojāties. Viss, kas tiek darīts ēdiena pagatavošanai, piemēram, karsēšana, mazgāšana, griešana vai cita apstrāde, vēl vairāk sabojā ēdienu.

Mājas dehidratatori piedāvā nepārtrauktu gaisa cirkulāciju, temperatūras kontroli, pārtikai drošus paplātes materiālus un īpašus piederumus, piemēram, silikona loksnes, lai atvieglotu ādas un uzkodu gatavošanu. Jaunākie digitālie modeļi ļauj kontrolēt temperatūru starp dehidratora sekcijām, kā arī programmējamas temperatūras un laika variācijas dažādiem pārtikas produktiem. Ar elektronisku precizitāti jūs varat ielādēt ēdienu, iestatīt ciklu un doties savās dienās.

## Ko vajadzētu (un ko nedrīkst) dehidrēt

Augļi un dārzeņi ir visvieglāk un visvieglāk apstrādājamie ēdieni. Žāvētus augļus var ēst bez rehidratācijas. Tas ir uzturvielām bagāts ēdiens, kas ir ideāla uzkoda. To var pievienot auzu pārslām, smalkmaizītēm un karstām pārslām, lai uzlabotu vienkāršu maltīšu uzturvērtību.

Žāvēti dārzeņi ir piemēroti zupām, sautējumiem, mērcēm un mērcēm, kur tos var rehidratēt gatavošanas procesā. Aromātiskus dārzeņus, piemēram, sīpolus, ķiplokus, burkānus, selerijas un papriku, var izmantot kā ēdienu sastāvdaļas atsevišķi vai apvienot garšvielu maisījumos, lai pievienotu garšu citiem ēdieniem.

Liesu gaļu, mājputnu gaļu un zivis var arī dehidrēt, ja tiek ievēroti daži piesardzības pasākumi, lietojot šos pārtikas produktus ar augstu olbaltumvielu saturu. Dehidratējot, temperatūrai jāsasniedz 74 °C (165 °F), lai iznīcinātu visus bojājošos organismus. Ja jūsu dehidrētājs nesasniedz tik augstu līmeni, ievietojiet ēdienu dehidratatorā 145 °F temperatūrā vismaz 4 stundas, līdz tas ir gatavs. Pēc tam ievietojiet to iepriekš uzkarsētā cepeškrāsnī līdz 275 ° F uz 10 minūtēm, lai sasniegtu iekšējo temperatūru 165 ° F (74 ° C).

Kaltētu šķiņķi var veiksmīgi dehidrēt, taču cūkgaļu nekādā gadījumā nedrīkst dehidrēt mājās vai lietot ēšanai. Mājas dehidratatorā izmantotā temperatūra nevar iznīcināt trihinellu parazītu vai citas kaitīgas baktērijas, kas parasti sastopamas cūkgaļā.

Neapstrādātas olas un piena produkti slikti dehidrē. Tie ir pakļauti baktēriju piesārņojumam dehidratācijas temperatūrā.

Eļļainu un treknu pārtiku nevar pietiekami izžāvēt mājas dehidratatorā. Tauki neizžūs pareizi, un rezultātā ēdiens ātri bojājas. Tie ietver pārtikas produktus ar augstu tauku saturu, piemēram, avokado un olīvas.

Dehidrējot gaļu, ir jānoņem visi redzamie tauki. Dehidratācijai jālieto tikai liesa gaļa, mājputni vai zivis. Maltā gaļa nedrīkst saturēt vairāk par 10 procentiem tauku. Zivīs, piemēram, lasis un skumbrijas, ir pārāk daudz tauku, lai tās būtu piemērotas dehidratācijai; tos var žāvēt īslaicīgai uzglabāšanai, taču tos nedrīkst izmantot ilgstošai uzglabāšanai, jo palielinās bojāšanās risks.

Pārtika, kas bagāta ar cukuru vai alkoholu, neizžūs pareizi. Pārtikas produkti, piemēram, alkoholā mērcēti augļi, medus vai konfektes, mēdz absorbēt mitrumu no gaisa un izturēt dehidratāciju.

## Dehidratācijas priekšrocības

Katrs cilvēks ir dehidrēts dažādu iemeslu dēļ. Dažiem patīk žāvētas pārtikas ērtība un pārnesamība. Citi izmanto savu dehidratatoru, lai saglabātu savus dārza dārzeņus. Daži izmanto savu dehidratatoru, lai pagatavotu ēdienu pārgājieniem vai kempingiem. Es izmantoju savu dehidratatoru, lai saglabātu produktus sezonā, kad tie ir svaiguma un uzturvērtības virsotnē. Bet neatkarīgi no iemesla dehidratēt pārtiku, ir dažas priekšrocības, kas ir universālas.

### Bojājumu samazināšana

Dehidratācija palīdz samazināt nevajadzīgu pārtikas atkritumu daudzumu. Pārpalikumus varat pārtraukt likt ledusskapī un pēc nedēļas vai divām izmest tos miskastē vai kompostā, kad ataugs zaļie matiņi. Gan dārzeņu pārpalikumus, gan galvenos ēdienus var dehidrēt, tādējādi saglabājot ieguldījumus veselīgā pārtikā, kā arī tāpēc, ka jums būs maltītes aizņemtām dienām. Dehidratācija ļauj arī iegūt produktus ar atlaidi, piemēram, pārgatavojušus banānus vai sīpolus, kas ir pārsnieguši savu labāko laiku. Daudzos pārtikas preču veikalos un preču stendos ir atlaižu tvertnes, kurās tiek piedāvātas "sekundes", piemēram, citrusaugļi, āboli, saldie pipari un tomāti, ievērojami ietaupot. Šo pārtikas produktu dehidrēšana palīdz piepildīt pieliekamo un vienlaikus ietaupīt naudu.

Kāda draudze manā kopienā savāc liekos produktus no vietējiem pārtikas veikaliem, tos dehidrē un pārvērš kaltētu zupu maisījumos un žāvētos augļos pārtikas bankām vairākās tuvējās pilsētās. Izmantojot 20 paplāšu komerciālu dehidratatoru, viņi katru mēnesi novirza 9000 mārciņu produkcijas no vietējā poligona un pārvērš to par barojošu pārtiku simtiem ģimeņu.

## Pagarināts kalpošanas laiks

Kad pārtikas produkti ir dehidrēti, tie kalpo ilgāk, jo samazinās mitrums, un sausā barība neveicina baktēriju izdzīvošanu. Baktēriju trūkums uztur pārtiku labā formā, un tas var ilgt pat trīs mēnešus. Kad pārtikas produkti ir dehidrēti, tie dažkārt pārvēršas vielās, kas var ilgt visu mūžu. Piemēri ir garšvielas, piemēram, kanēlis un karija pulveris, ko iegūst, dehidrējot un samaļot karija lapas. Vairumā gadījumu šīs garšvielas var saglabāties vairākus gadus, nesabojājoties.

## Atkritumu samazināšana

Kad pārtikas produkti sabojājas, tie samazina patēriņam pieejamās pārtikas daudzumu. Dažas pārtikas konservēšanas metodes parasti nodrošina ļoti īsu laiku, pirms ēdiens sabojājas. Daudzos gadījumos, kad izejvielas pērkam tirgos, spēja un zināšanas tās uzglabāt labos apstākļos palīdz pārtiku saglabāt ilgu laiku.

## Ēdienu garšas uzlabošana

Siltuma izmantošana, lai samazinātu ūdens garšu pārtikā, izceļ citu pārtikas sastāvdaļu sākotnējo garšu. Dehidratācijas process ievērojami uzlabo ēdiena garšu. Kad ēdiens ir pilns ar ūdeni, tas dažreiz ir bezgaršīgs vai ass. Kad augļi ir izžuvuši, ir jūtama īstā garša. Vairumā gadījumu ēdiens garšo labāk, ja tas ir dehidrēts.

## Vienkārša uzglabāšana

Fakts, ka pārtikas dehidrēšana atvieglo uzglabāšanu, ir šī procesa galvenā priekšrocība. Ja liels pārtikas daudzums tiek uzglabāts mazākos iepakojumos, piemēram, dehidrēts piena pulveris, tas atvieglo transportēšanu un uzglabāšanu. Pateicoties dehidratācijai, uzglabāšana ir vienkāršāka, jo tā aizņem mazāk vietas.

## Garša (un uzturs)

Dehidrēti ēdieni bieži garšo labāk nekā svaigi, jo to garša ir uzlabota. Mitrums burtiski "paūdeņo" garšu, tāpēc žāvēti augļi garšo daudz saldāk, pat bez pievienotā cukura. Dehidrētas sēnes ir tik garšīgas, ka daudzi pavāri tās izmanto kā garšvielu, nevis dārzeņu, savukārt neliela sauja saulē kaltētu tomātu piešķir garšu visam makaronu ēdienam. Kukurūza uz kūkas ir tas, ka dehidrēta pārtika saglabā savu uzturvērtību. Mitruma noņemšana neiznīcina veselīgus vitamīnus, minerālvielas vai kalorijas.

## Tīra ēšana

Pārtikas veikalā var iegādāties žāvētus augļus, dārzeņus un citas uzkodas, taču tās parasti ir pilnas ar cukuru un mākslīgām sastāvdaļām. Lai gan žāvēti pārtikas produkti kalpo ilgāk nekā svaigi, iepakotie varianti parasti satur konservantus, lai tie kalpotu vēl ilgāk. Īpaši tas attiecas uz žāvētu gaļu, kas ir ne tikai ļoti apstrādāta, bet arī ārkārtīgi sāļa. Apstrādāta gaļa ir arī klasificēta kā kancerogēna, kas nozīmē, ka tā satur ķīmiskas vielas, kas var izraisīt noteiktus vēža veidus! Par to visu jūs arī maksājat diezgan santīmu. Pagatavojot dehidrētas uzkodas mājās, jūs pilnībā kontrolējat to, kas nonāk iekšā un kas paliek ārpusē.

### Viegli pārnēsājams
Patiesi pārnēsājamu uzkodu nav daudz, un tās, kas ir, tāpat kā augļus un dārzeņus, ir viegli sasmalcina un sasmalcina. Kad tie izžūst, tie ir sacietējuši un daudz izturīgāki. Tie arī neaizņem daudz vietas jūsu somā un neizsmidzina sulu pa visu vietu, kad mēģināt tos apēst. Dehidrēta pārtika ir pareizā izvēle, ja jūs vienmēr esat bēguļojošs.

Ēdienu dehidrēšana mājās ietaupa naudu un vietu, pagatavo tīras un garšīgas uzkodas un samazina pārtikas atkritumu daudzumu.

### Barības vielu saglabāšana
Dehidrējot pārtiku, uzturvielas tiek saglabātas ēdienā, pirms tā tiek dehidrēta. Dehidratācijas laikā tiek pilnībā saglabātas tādas uzturvielas kā minerālvielas, vitamīni un fermenti. Dehidratācija ir vienīgā metode, kas var noteikt barības vielu saglabāšanos pārtikas daļiņās. Ēdienu gatavošana un citas konservēšanas metodes bieži noved pie barības vielu zuduma. Ēšanas jēga ir gūt labumu no uzturvielām, ja šīs uzturvielas ir izsmeltas; zūd pārtikas patēriņa būtība.

### Ķīmisko vielu trūkums
Vienīgā viela, kas nepieciešama pārtikas dehidrēšanai, ir pārtikas materiālam pievienotais siltums. Atšķirībā no dažām citām konservēšanas metodēm, tas nepievieno ķīmiskas vielas. Tāpēc pārtikas dehidratācija padara to drošu no bailēm patērēt indīgas vielas, jo tiek pievienots tikai siltums. Dehidrēta pārtika saglabās tikai sākotnējās uzturvielas, un tāpēc tā ir ideāli piemērota patēriņam.

### Ekonomiskās un finansiālās priekšrocības
Pārtikas dehidrēšana pagarina pārtikas glabāšanas laiku. Tādējādi cilvēki var iegādāties pārtiku vairumā vai novākt lielu produktu daudzumu un dehidrēt to partijās, padarot to par ļoti ērtu metodi.

## Uzticamība ārkārtas situācijās

Dehidratācija nodrošina, ka cilvēks ir gatavs jebkurai ārkārtas situācijai, kas prasa tūlītēju dehidrētas pārtikas nepieciešamību. Dehidrēti ēdieni var būt ļoti noderīgi cilvēkiem, kuri ceļo ekstremālos apstākļos, piemēram, pārgājieniem un apvidus riteņbraucējiem.

## Lielāka kontrole pār pārtikas saturu

Gatavojot uzkodas un skavas mājās, izmantojot atūdeņotāju, jūs kontrolējat katru procesa posmu – īpaši sastāvdaļas. Veselīgas uzkodas ar zemu cukura un sāls saturu vai pārtiku bez alergēniem var viegli pagatavot savā dehidratorā. Varat pielāgot receptes, lai nodrošinātu, ka nav pārtikas savstarpēja piesārņojuma, padarot dehidratāciju ideāli piemērotu ģimenēm, kuras saskaras ar pārtikas alerģijām.

Kādam manas ģimenes loceklim ir smaga kviešu alerģija. Gandrīz visiem komerciāli kaltētiem vai liofilizētiem pārtikas produktiem ir brīdinājums "var saturēt kviešus". Taču, žāvējot savus produktus un izmantojot mūsu uzkodu un ceļojumu pārtikas žāvētāju, es ticu, ka pārtika, ko viņa ēd, ir droša pret savstarpēju piesārņojumu, pat ja mēs esam prom no mājām.

Zemesriekstus, soju, pienu, kviešus un citus izplatītus alergēnus ir vieglāk izgriezt, ja savā pieliekamajā ievietojat sastāvdaļas, kuras pats atūdeņojat. Kad jūs pats gatavojat maltītes un uzkodas no nulles, jums vairs nebūs nepieciešams palielināmais stikls, lai lasītu sastāvdaļu etiķetes!

Jūs varat arī kontrolēt cukura, cietes, mākslīgo krāsvielu un garšu un citu ķīmisko piedevu daudzumu, žāvējot pārtiku mājās. Ja jums ir uztura ierobežojumi vai vēlmes, ēdienreižu vai pieliekamā dehidratora izmantošana var palīdzēt sasniegt savus personīgos mērķus.

Neapstrādāti ēdāji var kontrolēt pārtikas žāvēšanas temperatūru, nodrošinot augstu fermentu, vitamīnu un minerālvielu pieejamību savām īpašajām uztura vajadzībām.

## Laiks, telpa un ietaupījumi

Ieguldot dehidratatorā, jūs galu galā ietaupāt naudu. Produktu pirkšana vairumā – un sezonā – sniedz ievērojamus ietaupījumus salīdzinājumā ar veikala cenām. Augļus, dārzeņus un riekstus var iegādāties vairumā tieši no vietējām fermām un pēc tam dehidrēt, kamēr tie ir sasnieguši savu garšu un uzturvērtību, tādējādi ievērojami ietaupot, salīdzinot ar svaigu vai pat saldētu dārzeņu iegādi.

Pagājušajā rudenī es paņēmu 20 mārciņas Walla Walla sīpolu maisiņu par 20 USD un 25 mārciņas saldo papriku par 10 USD no saimniecības darījumu tvertnes. Walla Walla sīpoli manā pārtikas preču veikalā maksā 3 USD par mārciņu, bet saldie pipari maksā 4 līdz 5 USD par mārciņu. Tas ir gandrīz 200 USD ietaupījums! Tikai dažu dienu laikā es izžāvēju visus sīpolus savā dehidrētājā. Paprikus sadalīju pēc krāsas, un sarkanos vispirms žāvēju, kamēr gaidīju zaļo nogatavošanos.

Žāvēti sīpoli un paprika manā pieliekamajā aizņēma ievērojami mazāk vietas nekā lielie sīpolu un paprikas maisi, ko atvedu mājās. Šie divi milzīgie maisi ir samazināti līdz četrām 1 litra burciņām un kvartāra burciņai, kuras ir daudz vieglāk uzglabāt manā pieticīgajā pieliekamajā.

Dehidratora uzpildīšana aizņem nedaudz laika, bet ilgterminā ietaupa jūsu laiku. Jūsu dehidrētie ēdieni kļūst par ērtiem ēdieniem, ja tie tiek uzglabāti burkās jūsu pieliekamajā. Daudz ātrāk ir paķert kaltētus sīpolus, kad tie ir nepieciešami, nekā sasmalcināt neapstrādātus sīpolus, gatavojot vakariņas. Padomājiet par laiku, kas nepieciešams, lai pagatavotu ēdienu dehidratatoram, un, kad tas ir izdarīts, iepakojiet to kā ieguldījumu nākotnes ērtībās.

## Gatavība ārkārtas situācijām

Dehidrēta pārtika ir ideāli piemērota pārtikas uzglabāšanai ārkārtas situācijās. Neatkarīgi no tā, vai gatavojaties laikapstākļiem, bezdarbam vai dabas katastrofai, ir saprātīgi, ja pa rokai ir 30 dienu krājumi ar uzturvielām bagātu pārtiku.

Ēdienu dehidrēšana, ko jūsu ģimene jau ēd, nodrošina, ka reālā ārkārtas situācijā jums būs pēc iespējas mazāk traucējumu. Uzglabājot pieliekamo ar dehidrētu pārtiku, ko esat pagatavojis no veselīgām sastāvdaļām, varat būt pārliecināts, ka jūsu ģimenes uztura vajadzības ir apmierinātas pat tad, ja nevarat nokļūt pārtikas preču veikalā.

Dehidrēti pārtikas produkti, ja tie ir pareizi sagatavoti un iepakoti ilgstošai uzglabāšanai, var būt pamats stabilam sagatavotības plānam. Veicot papildu soli, lai dehidrēto pārtiku iepakotu Mylar maisiņos vai stikla burkās ar skābekļa absorbētājiem, tiek nodrošināts, ka jūsu dehidrētā pārtika arī turpmāk būs svaiga un saglabās barības vielas.

Bet pat nelielus traucējumus var palīdzēt, ja jūsu pieliekamajā ir dehidrēts ēdiens. Papildu vakariņu viesim, slimībai mājā vai negaidītam rēķinam nav jāmazina jūsu pārliecība. Ja jūsu pieliekamais jau ir dehidrētas sastāvdaļas iecienītākajiem komfortablajiem ēdieniem, jūs varat viegli tikt galā ar pat nelielām neērtībām.

## Augsta uzturvērtība

Kad pārtika tiek dehidrēta, ūdens tiek noņemts, bet uzturs pārtikā paliek stabils. Garša un uzturvielas kļūst koncentrētākas, un kaloriju vērtība paliek nemainīga. Dehidrētā pārtikā ir tādas pašas kalorijas, olbaltumvielas, šķiedrvielas un ogļhidrātus kā svaigā pārtikā. Tas arī saglabā tās pašas minerālvielas, taukskābes un antioksidantus kā svaigā pārtikā, kā arī lielāko daļu vitamīnu. Dehidrēti pārtikas produkti saglabā daudzas no šīm uzturvielām uzglabāšanā pat vairākus mēnešus un gadus.

Blanšēšanas laikā tiek zaudēts neliels C vitamīna un dažu B vitamīnu daudzums, jo daži no šiem ūdenī šķīstošajiem vitamīniem tiek zaudēti blanšēšanas ūdenī. Dārzeņos, kas ir blanšēti pirms dehidratācijas, ir tādi paši vitamīni kā saldētai pārtikai, bet dehidrētiem pārtikas produktiem ir ilgāks glabāšanas laiks. Šo vitamīnu zudumu var samazināt, pirms dehidratācijas blanšējot ar tvaiku, nevis iegremdējot dārzeņus verdošā ūdenī pirms dehidratācijas.

Pārgājieni un sportisti gūst labumu no barības vielu koncentrācijas, ko nodrošina dehidrēti ēdieni, ļaujot viņiem ēst mazāk, vienlaikus saglabājot enerģijas līmeni.

Lai nodrošinātu, ka jūsu dehidrētā pārtika saglabā visvairāk uzturvielu, to vajadzētu dehidrēt maksimālā gatavībā, kad garša, krāsa un tekstūra ir vislabākās. Dārzeņi, kas ir izturējuši savus spēkus un zaudē krāsu, smaržu vai garšu, nebūs kvalitatīvi žāvēti dārzeņi. Izlaidiet gaiši zaļo kāpostu dārzeņu tvertnē ledusskapī. Izvēlieties spilgtākās krāsas dārzeņus, lai iegūtu visvairāk uzturvielu no dehidrētiem pārtikas produktiem.

# Kā dehidrēt

## Augļu sagatavošana dehidratācijai

Lielāko daļu dehidratatoru neatkarīgi no izvēlētā zīmola vai modeļa ir viegli lietot. Pirmais solis augļu sagatavošanā dehidratācijas mašīnai ir augstas kvalitātes augļu atlase.

Augļiem jābūt svaigiem un gatavībā. Izvēloties vai iegādājoties produktu, rūpīgi nomazgājiet to un izmetiet visus sasitumus vai bojātos gabalus. Atkarībā no augļiem, ar kuriem apstrādājat, var būt nepieciešams nomizot, izņemt serdi vai izņemt kauliņus.

Pēc tam, kad augļi ir nomizoti un sagriezti šķēlēs, ir vēlams veikt priekšapstrādi, lai saglabātu produkta krāsu un svaigumu. Kad daži augļi, piemēram, āboli, bumbieri un persiki, ir sagriezti šķēlēs, to pakļaušana gaisa iedarbībai izraisa ķīmisku procesu, ko sauc par oksidāciju, kas izraisa mīkstuma krāsas maiņu. Antioksidantu lietošana uz laiku apturēs enzīmu darbību un novērsīs turpmākus augļu struktūras, garšas un izskata bojājumus. Lai pagatavotu šo šķīdumu, sajauciet nelielu daudzumu askorbīnskābes (1-2 tējkarotes) ar vienu tasi ūdens un vienmērīgi pārklājiet augļus ar šķidrumu.

## Dārzeņu sagatavošana dehidratācijai

Sagatavojot dārzeņus atūdeņošanai, noteikti izvēlieties kvalitatīvus dārzeņus bez plankumiem.

Īpaši noteiktiem dārzeņiem, piemēram, sakņu dārzeņiem un kartupeļiem, pirms dehidratācijas pārliecinieties, ka tie ir rūpīgi iztīrīti un iztīrīti. Tāpat kā augļus, dārzeņus vajadzētu sagriezt plānās un vienmērīgi šķēlēs, lai iegūtu labākos rezultātus.

Gandrīz visus dārzeņus vispirms vajadzētu blanšēt. Dārzeņu blanšēšana aptur enzīmu darbību un tādējādi laika gaitā saglabā ēdiena krāsu un garšu. Tā kā blanšēšanas procesā dažas barības vielas var tikt zaudētas, dārzeņus verdošā ūdenī ievietojiet tikai uz nepieciešamo laiku.

Pēc tam, kad dārzeņi ir iegremdēti ledusaukstā ūdenī, rūpīgi nosusiniet pārtiku, pirms novietojat to uz paplātēm. Ņemiet vērā, ka neliels skaits dārzeņu, piemēram, sēnes un sīpoli, pirms dehidratācijas nav jāblanšē.

## Gaļas sagatavošana dehidratācijai

Dehidrēta gaļa ir garšīga un viegli pagatavojama, taču tai ir nepieciešamas īpašas lietošanas instrukcijas. Gaļas pagatavošanai drīkst izmantot tikai lieliskā stāvoklī esošu liesu gaļu. Izmantojot malto gaļu, tai jābūt vismaz 93% liesai.

Visai pārējai gaļai pirms griešanas rūpīgi jānogriež tauki.

Apsveriet iepriekšēju marinēšanu, lai gaļa būtu aromātiska. Ja tā, tad pirms ievietošanas dehidratatorā marinēto gaļu turi ledusskapī vai saldētavā. Pēc gaļas izņemšanas no ledusskapja rūpīgi noslaukiet tās virsmu, lai noņemtu lieko mitrumu, un ievietojiet dehidratora paplātēs. Kā vienmēr, jēla gaļa ir jātur tālāk no citiem pārtikas produktiem, un visas virsmas un piederumi, kas nonāk saskarē ar jēlu gaļu, ir rūpīgi jānotīra.

Pēc dehidratora izmantošanas eksperti iesaka kaltētas gaļas sloksnes desmit minūtes karsēt cepeškrāsnī 275 ° F vai ilgāk zemākā temperatūrā. Šis papildu solis samazina jebkādu atlikušo piesārņojuma iespēju, likvidējot patogēnus, vienlaikus radot vistradicionālāko saraustīšanas stilu garšas un tekstūras ziņā.

## Graudu, riekstu, pupiņu un sēklu sagatavošana dehidratācijai

Riekstus, sēklas, pupiņas un graudus var dehidrēt, izmantojot līdzīgu divpakāpju procesu. Pirmkārt, šie pārtikas produkti ir jāiemērc ūdens šķīdumā. Mērcēšana deaktivizē anti-uzturvielas, stimulē barības vielas, piemēram, dzelzi, kāliju un magniju, un ir labvēlīga jūsu gremošanas sistēmai. Mērcēt riekstus vai sēklas sāls šķīdumā 12-18 stundas. Pievieno ½ tējk. augstas kvalitātes jūras sāls katrai tasei ūdens. Tā kā slapjie rieksti un sēklas vairumam cilvēku nav pievilcīgi, riekstus varat ievietot dehidratatorā, lai pagatavotu gardu, kraukšķīgu, ēšanai gatavu uzkodu. Pēc ieteicamo laiku mērcēšanas izlejiet ūdeni un izpildiet dehidratācijas iekārtas norādījumus.

## Izmantojot savu dehidratatoru

Kad augļi, dārzeņi, garšaugi, gaļa, rieksti vai graudi ir sagatavoti, izklājiet tos plānās kārtās, nepārklājoties uz žāvēšanas paplātēm. Ieslēdziet dehidratatoru un noregulējiet temperatūru. Žāvēšanas laiks mainās atkarībā no jūsu rīcībā esošā dehidratora modeļa un ēdiena, kuru dehidrējat. Lielākajā daļā dehidratatoru ir norādījumi, kas norāda ieteicamās temperatūras un laikus noteiktu pārtikas produktu dehidrēšanai.

Parasti augļus un dārzeņus ieteicams žāvēt 130–140 °F temperatūrā. Gaļai un zivīm jābūt dehidrētam iekārtas augstākajā temperatūrā, kas parasti ir 145–155 °F. Dehidrējot gaļu, jums vajadzētu izmantot modeļus dehidratoriem ar regulējamu temperatūras kontroli, lai nodrošinātu, ka produkts ir drošs lietošanai. Žāvētiem augiem nepieciešama temperatūra, kas nepārsniedz 90 °F, jo garšaugu aromātiskās eļļas ir jutīgas pret augstām temperatūrām. Rieksti, sēklas un graudi, kuriem ir arī augsts eļļas saturs, tiek optimāli žāvēti 90°-100°F temperatūrā.

**Pārtikas gatavības noteikšana**

Pirms ēdiena izņemšanas vienmēr pārbaudiet, vai nav pietiekami daudz dehidratācijas. Daudzi faktori nosaka laiku, kas nepieciešams pārtikas dehidrēšanai, piemēram, temperatūra, mitrums, ēdiena veids, ēdiena daudzums uz paplātes, pārtikas gabalu lielums un kopējais pārtikas daudzums mašīnā.

Parasti gaļai jābūt dehidrētai līdz 20% mitruma, augļiem līdz 10%, bet dārzeņiem līdz aptuveni 5%. Varat analizēt ēdiena izskatu un tekstūru, lai noteiktu gatavības pazīmes. Ir svarīgi vienlaikus pārbaudīt tikai dažus gabalus un ļaut tiem atdzist, pirms nosakāt, vai tie ir gatavi.

Pārtikas gatavības pārbaude lielā mērā ir tā struktūras novērtēšana. Augļiem jābūt elastīgiem, bet ne pilnīgi trausliem. Pārbaudiet augļus, pārgriežot to uz pusēm; ja nevar izspiest mitrumu, tad augļi ir pilnībā dehidrēti. Tomēr, kad dārzeņi ir gatavi, tiem jābūt trausliem. Pārbaudiet dārzeņus, sitot tos ar āmuru, lai redzētu, vai tie sadalās.

Lielākā daļa pilnībā dehidrētu dārzeņu jāsadala gabalos. Tomēr daži dārzeņi pēc pilnīgas dehidratācijas saglabās lokanu un ādainu tekstūru. Tajos ietilpst sēnes, zaļie pipari un skvošs. Lai pārbaudītu atsitienu, salieciet vienu gabalu un pārbaudiet, cik tas ir elastīgs. Gaļai vajadzētu izliekties, bet ne pilnībā saplaisāt kā sausam kociņam. Pēc pilnīgas dehidrēšanas saraustītai krāsai jābūt tumši brūnai līdz melnai. Garšaugi tiek uzskatīti par žāvētiem, ja tie viegli drūp. Ar nelielu piepūli augu kātiem vajadzētu saliekt un lūzt.

## Gatavības atzīšana

Pārtika ir gatava, kad tā ir pietiekami sausa, lai novērstu baktēriju augšanu un pārtikas bojāšanos. Dažādiem pārtikas produktiem ir atšķirīgas mitruma prasības drošai pārtikas uzglabāšanai. Mitruma daudzums, kas paliek dehidrētā pārtikā, ietekmē tā elastību. Jo vairāk mitruma, jo elastīgāks būs jūsu dehidrētais ēdiens. Katrā produktu sarakstā un katrā receptē atradīsit īpašas vadlīnijas gatavības pārbaudei, tāpēc jums nebūs jāmin. Bet šeit ir daži vispārīgi norādījumi par dārzeņiem, augļiem, garšaugiem un gaļu, lai jūs sāktu.

- Pirms gatavības pārbaudes ļaujiet paraugam pilnībā atdzist. Lielākā daļa dehidrētu pārtikas produktu ir elastīgi, kad tie ir silti, bet sacietēs, kad tie ir atdzesēti. Ja rodas šaubas, dehidrējiet ēdienu vēl dažas stundas. Labāk ir žūt ilgāk, nekā priekšlaicīgi pārtraukt žāvēšanu.
- Dārzeņus parasti apgrauzdē, kad tie ir ādaini un trausli. Nospiežot starp īkšķi un rādītājpirkstu, tiem vajadzētu pārsist uz pusēm, nesaliecoties.
- Augļi ir gatavi, kad tie ir ādaini, bet joprojām vijīgi, un augļos nepaliek mīkstas kabatas. Ja atrodat mīkstas, mīkstas daļas, dodiet augļim vairāk laika. Kad augļi būs gatavi, nebūs mīkstu plankumu.
- Garšaugi ir gatavi, kad lapas ir sasmalcinātas. Kātiem jābūt cietiem un trausliem. Ja stublāji noliecas, tiem nepieciešams vairāk laika.
- Gaļai jābūt sausai un ādai ar zināmu elastību, kad tā ir gatava, taču noteiktai gaļai gatavības pārbaudē ir jābūt atšķirīgai.

## Uzglabāšana

Kad jūsu pārtika ir pienācīgi dehidrēta, jūsu darbs nav paveikts. Ir svarīgi iepakot un uzglabāt pārtiku, lai pasargātu to no bojāšanās. Mitrums, skābeklis un gaisma var pasliktināt jūsu uzglabāto pārtiku, saīsinot glabāšanas laiku un ļaujot baktērijām iznīcināt pārtiku.

Pareizi uzglabājot un sargājot no mitruma, karstuma un gaismas, dehidrēta pārtika var kalpot līdz pat 10 gadiem. Faktiskais glabāšanas laiks atšķiras atkarībā no pārtikas, un augļi glabājas ilgāk nekā dārzeņi, jo augļos esošais dabiskais cukurs palīdz pagarināt to glabāšanas laiku. (Sazinieties ar receptēm, lai iegūtu informāciju par uzglabāšanas vajadzībām un atsevišķu pārtikas produktu glabāšanas laiku.)

Ja pamanāt kādas bojājuma pazīmes, piemēram, nepatīkamu smaku vai pelējumu, izmetiet iepakojuma saturu. Nav droši ēst.

## Rehidratācija

Rehidratācija atjauno mitrumu žāvētā pārtikā, atgriežot to sākotnējā izmērā, formā un izskatā. Rehidrēta pārtika saglabā savu aromātu, garšu un tekstūru, kā arī uzturvielu saturu. Ir vairākas metodes žāvētas pārtikas rehidrēšanai, taču visvienkāršākajā veidā tās visas atjauno ēdiena mitrumu, izmantojot aukstu vai karstu šķidrumu.

Parasti 1 glāze šķidruma izšķīdina 1 glāzi dehidrētas pārtikas. Ja pēc stundas ēdiens nav pietiekami mīksts, pievienojiet vairāk šķidruma. Šķidrums var būt tīrs ūdens, buljons, sula vai piens. Augļus var arī pagatavot liķierī vai brendijā.

Lielākā daļa augļu un dārzeņu tiek atjaunoti vienas līdz divu stundu laikā. Tomēr llelāku pārtikas gabalu šķīdināšana var aizņemt ilgāku laiku nekā pulvera vai smalki sagrieztu gabalu pagatavošana. Parasti pārtikas produktiem, kuru dehidratācijai bija nepieciešams ilgāks laiks, ir nepieciešams ilgāks laiks, lai rehidratētu. Lietojiet tikai pietiekami daudz šķidruma, jo ēdiens uzsūksies. Lietojot pārāk daudz šķidruma, ēdiens kļūst mitrs un bez garšas.

Mērcēšana neaizstāj gatavošanu. Ēdiens joprojām ir jāgatavo pēc atšķaidīšanas ar mērcēšanu.

Saglabājiet mērcēšanas šķidrumu, lai to pievienotu zupām, sautējumiem vai graudiem. Tas satur ūdenī šķīstošos vitamīnus un minerālvielas no dehidrētas pārtikas.

## Metodes

Ir divas galvenās rehidratācijas metodes: aukstā mērcēšana un siltā mērcēšana.

Aukstā mērcēšana jāizmanto pārtikai, ko parasti ēd neapstrādātu, piemēram, augļiem. Tas ir lēnāks process, kas ļauj pārtikas audiem atpūsties un absorbēt šķidrumu. Pārtika, kas pagatavota istabas temperatūras ūdenī vai vēsākā ūdenī, saglabā savu formu un tekstūru labāk nekā pārtika, kas rehidrēta siltā ūdenī.

Mērcēšanas šķidrums, piemēram, sula vai jogurts, piešķir ēdienam papildu garšu, jo tas rehidrē ēdienu, bet nepievienojiet mērcējamajam ūdenim sāli vai cukuru, jo tie traucē rehidratācijas procesu. Tos var pievienot, kad ēdiens ir pilnībā hidratēts.

Izmantojiet karsto mērcēšanu, kad rehidrējamais ēdiens tiks pasniegts pagatavots vai pievienots karstam ēdienam. Karstā mērcēšana sadala dažas augu šūnas, jo tā rehidrē pārtiku, izraisot to, ka ēdiens kļūst mīkstāks. Karstā mērcēšana rehidrē pārtiku ātrāk nekā aukstā mērcēšana.

Pārtikas rehidratācija gatavošanas laikā ir ātra un vienkārša. Pievienojiet žāvētus dārzeņus zupām, sautējumiem vai mērcēm un rehidrējiet, kamēr mērce tiek gatavota uz plīts virsmas. Gatavošanas laikā pievienojiet žāvētus augļus mērcēm, pudiņiem un karstām graudaugiem un rehidrējiet, kamēr pārējais maisījums gatavojas.

## Pārtikas dehidratācijas mērķi

Ietekme uz konkrētu produktu, piemēram, atšķirīgu kraukšķīgumu un garšu, uz pārtikas produktu: Piemērs ir kukurūzas pārvēršana graudaugos.

Pārtikas materiālu saraušana mazākos un pārnēsājamos izmēros, lai mainītu to formu: Pārtikas materiāli, samazinot ūdens daudzumu, kļūst pārnēsājamāki un viegli iesaiņojami transportēšanai. Piemēri ir karija lapu, timiāna sēklu u.c. izkāšana un samalšana. garšvielās.

Pārtikas tilpuma un svara samazināšana: ūdens tilpums ir ievērojams pārtikas tilpuma un svara papildinājums, bet ūdens satura samazināšana samazina pārtikas daļiņu svaru un tilpumu.

Ēdienu pārvēršana citā veidā, kas ir piemērotāks uzglabāšanai, iepakošanai un vienkāršai transportēšanai: Lielisks piemērs ir piena vai piena produktu pārvēršana sausā pulverī. Kad šie produkti nonāk patēriņa vietā, tie, pievienojot ūdeni, atkal tiek pārveidoti iepriekšējā formā.

Ūdens depresijas ietekme, kas noved pie barības vielu saglabāšanas un ilgmūžības.

## Dehidratācijas trūkumi

Laika patēriņš: pārtikas dehidrēšanai nepieciešams daudz laika, lai sasniegtu perfektus rezultātus. Dažiem pārtikas produktiem ir liels ūdens daudzums, un, lai samazinātu ūdens daudzumu, nepieciešams daudz laika un rūpīgas novērošanas. Dažām personām tik daudz laika var būt neērti.

Nevēlams svara pieaugums: dehidrēti pārtikas produkti var saturēt daudz kaloriju. Tā kā tā izmērs ir samazinājies, tas var šķist mazs; mazs patērētais daudzums var šķist nepietiekams, savukārt liels daudzums nozīmē lielu uzturvielu patēriņu. Pārmērīgas kalorijas dehidrētā pārtikā var izraisīt svara pieaugumu. Cilvēkiem tas ir jāzina, ēdot žāvētu pārtiku.

Uzturvielu zudums: lai gan, ja tas tiek darīts pareizi, dehidrēšana var saglabāt uzturvielas, ja tas tiek darīts nepareizi, tas var izraisīt uzturvielu zudumu pārtikā. Dažas uzturvielas nevar paciest augstu siltuma līmeni. Tāpēc izmantotā siltuma pakāpe nosaka uzturvielu izdzīvošanu pārtikā. Ja dehidrēta pārtika netiek pareizi uzglabāta, barības vielas var tikt zaudētas pārmērīga karstuma un sliktu uzglabāšanas apstākļu dēļ.

Garšas un izskata izmaiņas: ar augstu temperatūru mainās parasto ēdienu garšīgais izskats. Vairumā gadījumu cilvēki tiek viegli izslēgti, ja ēdiens neizskatās kā gaidīts. Kad pārtika tiek dehidrēta, tā saraujas ūdens zuduma dēļ un krasi mainās izskats.

Tehniskās zināšanas: tā kā ne visi pārtikas produkti tiek dehidrēti vienādi vai tiek dehidrēti vienādi, dehidratācijai ir nepieciešamas tehniskas zināšanas, lai tās noritētu labi. Ir arī pieredzes vieta, kas pamazām padara cilvēku perfektu mākslā.

## Kāpēc dehidratācija ir veselīga?

Dehidratācija ir veselīga lietošanai šādu iemeslu dēļ:

Saglabā barības vielas: Kā minēts iepriekš, dehidrējot pārtiku, uzturvielas pārtikā ir viena no mūsu galvenajām bažām. Atšķirībā no citām konservēšanas metodēm, dehidratācija saglabā barības vielas dehidrētos pārtikas produktos, ja to veic efektīvi.

Bez baktērijām: dehidrēta pārtika ir bez baktērijām. Uzglabājot šos pārtikas produktus ilgāku laiku, tie joprojām saglabā savu veselīgu stāvokli.

Nav pievienotas ārējās ķīmiskās vielas: ēdiena dehidrēšanai izmantotais siltums ir vienīgā procesa ārējā prasība. Šis karstums nesatur ķīmiskas vielas vai skābes, kas var būt bīstamas pārtikai. Atšķirībā no dažām konservēšanas metodēm, kas ietver konservantu ķimikāliju pievienošanu, dehidratācija ir veselīga izvēle pārtikas konservēšanai.

Droša apiešanās: tā kā dehidratācijai nav nekā kopīga ar bīstamām ķīmiskām vielām vai intensīvu aprīkojumu, lietotājam ir droši viegli dehidrēt. Dehidratāciju var veikt ar vienkāršākajām sadzīves mehāniskajām ierīcēm, piemēram, krāsni, mikroviļņu krāsni vai dehidratatoru. Dūmi vai tvaiki no atūdeņojošas pārtikas nav kaitīgi videi, atšķirībā no regulāras atkritumu dedzināšanas. Tas padara procesu veselīgu.

# 2. NODAĻA. Dehidratācijas metodes

Y varat sākt žāvēšanu, izmantojot priekšmetus, kas, iespējams, jau ir jūsu virtuvē.

Žāvēšanas procesam ir nepieciešami šādi priekšmeti:

- Ēdiens.
- Siltuma avots.
- Konteineri vai plaukti pārtikas žāvēšanai.

Paplātēm jābūt koka vai sieta. Neizmantojiet cietus traukus, jo tie novērš gaisa cirkulāciju ap pārtiku. Nelielā korpusā koka rāmi var pārklāt ar marli un izmantot to kā žāvēšanas statīvu.

## Pārtikas uzglabāšanas konteineri:

Tieši tā. Tas ir viss, kas jums nepieciešams, lai sāktu žāvēšanu. Ir arī citas lietas, ko varat izmantot, lai atvieglotu savu dzīvi, taču iepriekš uzskaitītās ir vienīgās, kas ir nepieciešamas.

Jūs vēlaties izvairīties no paplātēm, kas izgatavotas no šādiem materiāliem, jo tās žāvēšanas laikā var pievienot jūsu pārtikai kaitīgas vielas:

- Stikla šķiedra.
- Vinils.
- Alumīnijs.
- Varš.
- Plastmasa.
- Cinkots metāls.
- Tālāk norādītie priekšmeti nav obligāti, taču tie atvieglos jūsu dzīvi:
- Komerciāls pārtikas žāvētājs.
- Fēns.
- Blančere.
- Sēra kaste.
- Mērogs.
- Termometrs.

Tagad, kad esam noskaidrojuši, kas jums nepieciešams, un preces, ko varat iegādāties, lai atvieglotu dzīvi, apskatīsim dažādas metodes, ko izmanto pārtikas dehidrēšanai.

Izmantojiet ventilatoru, lai cirkulētu svaigu gaisu zonā, kur pārtika žūst.

## Izmantojot savu cepeškrāsni

Ja jums ir cepeškrāsns (un kuram gan nav?), jums ir rīks, ar kuru varat žāvēt pārtiku.

Nav labākā izvēle, ja runa ir par žāvēšanu, taču tā noderēs. Šīs metodes izmantošanas priekšrocība ir tā, ka tā ir viena no ātrākajām pārtikas žāvēšanas metodēm. Negatīvā puse ir tāda, ka jūs varat viegli sadedzināt vai apcept ēdienu, kuru žāvējat, jo ir grūti noturēt tik zemu siltumu, cik nepieciešams.

Parastā virtuves krāsnī varat izžāvēt tikai nelielu daudzumu pārtikas. Ja plānojat žāvēt lielu daudzumu pārtikas, iegādājieties dehidratatoru un ietaupiet sev daudz darba.

Cepeškrāsns temperatūra ir jāuztur kaut kur no 140 līdz 160 grādiem F. Lai pārbaudītu cepeškrāsns temperatūru, novietojiet cepeškrāsns termometru uz augšējās restes un atstājiet to tur, lai varētu to uzraudzīt. Temperatūra jāpārbauda ik pēc 15 minūtēm, lai pārliecinātos, ka tā nav pārāk karsta.

Novietojiet pārtiku vienā kārtā uz žāvēšanas paplātēm. Parasti uz katras paplātes varat ievietot vairākus kilogramus pārtikas. Tā kā lielākajai daļai cepeškrāsns ir divi plaukti, jūs vienlaikus varēsiet izžāvēt tikai aptuveni 4 mārciņas pārtikas.

Šeit ir neliels triks, ko varat izmantot, lai cepeškrāsnī ievietotu vairāk pārtikas: novietojiet dažus 1 1/2 collu koka blokus uz apakšējās paplātes un novietojiet nākamo žāvēšanas paplāti uz blokiem. Pēc tam pievienojiet vēl pāris blokus otrajai pannai un novietojiet tai virsū otro paplāti. Izmantojot šo metodi, savā cepeškrāsnī varat ievietot līdz pat četriem plauktiem, efektīvi dubultojot vienā reizē izžāvējama ēdiena daudzumu. Tā kā jūs nesildāt cepeškrāsni pārāk karstu, jums nav jāuztraucas par malkas sadedzināšanu vai sadedzināšanu.

Durvis jāatver tā, lai žāvēšanas procesā būtu 2 līdz 6 collu atstarpe. Ja jums ir ventilators, novietojiet to tā, lai caur šo atveri tas iepūstu gaisu cepeškrāsnī. Lai cepeškrāsns netiktu piepildīta ar mitru gaisu, jums ir jānodrošina gaisa kustība iekšpusē.

## Iestatiet cepeškrāsni uz zemāko temperatūru

Ja jums ir gāzes cepeškrāsns, iespējams, varēsit izvairīties, izmantojot tikai kontrollampiņas siltumu. Uzraugiet temperatūru, lai nodrošinātu, ka tā paliek virs 140 grādiem F un zem 160 grādiem F.

Augšējais plaukts būs nedaudz vēsāks nekā apakšējais. Turklāt gaisa temperatūra cepeškrāsns priekšpusē nebūs tāda pati kā aizmugurē, it īpaši, ja gaisa cirkulācijai izmantojat ventilatoru. Šī iemesla dēļ ir svarīgi pagriezt paplātes ik pēc 20 līdz 30 minūtēm. Pagrieziet augšējās paplātes uz leju un pagrieziet paplātes tā, lai ēdiens, kas bija priekšā, tagad atrodas aizmugurē. Varat arī laiku pa laikam apgriezt ēdienu vai apmaisīt to uz paplātes, jo ēdiena puse, kas ir vērsta uz leju, žūs lēnāk nekā tā puse, kas ir vērsta uz augšu.

Pārtikas žāvēšanas process tosterī ir tāds pats kā parastajā krāsnī. Novietojiet ēdienu uz paplātes un ievietojiet tostera cepeškrāsnī. Iestatiet cepeškrāsni uz zemāko iestatījumu un atveriet durvis. Ja jums ir ventilators, izmantojiet to, lai krāsnī cirkulētu svaigu gaisu.

Tā kā šāda veida cepeškrāsns ir mazāka nekā parastā cepeškrāsns, tā atūdeņos jūsu žāvēto pārtiku ātrāk nekā lielāka cepeškrāsns. Noteikti uzmanīgi sekojiet tam, un drīz jums būs neliela žāvētas pārtikas partija.

Šis ir ātrs padoms, ko jūs neredzēsiet daudzās citās žāvēšanas grāmatās: ik pēc dažām stundām atveriet cepeškrāsns durvis, lai atbrīvotu tajā iesprostoto mitro gaisu. Protams, tas izraisīs temperatūras pazemināšanos iekšpusē, taču tas ļaus izkļūt visam iekštelpu mitrajam gaisam, aizstājot to ar sausu gaisu. Temperatūras trieciens ir īslaicīgs, un krāsni ir lietderīgi piepildīt ar svaigu gaisu.

Ja žāvēsiet tikai laiku pa laikam, jūsu krāsns darbosies lieliski.

## Saules žāvēšana

Saulē žāvējamā pārtika ir vecākā pārtikas dehidrēšanas metode, kas tūkstošiem gadu ir bijusi pirms krāsnīm. Šī metode ir pilnīgi dabiska un neprasa izmantot elektrību vai gāzi (pārtikas konservēšanai vai uzglabāšanai).

Viss, kas jums nepieciešams, ir jauka, saulaina diena vai divas (vai 5) pēc kārtas, un jūs varat izmantot saules spēku, lai izžāvētu ēdienu.

Siltākā klimatā jūs varat žāvēt pārtiku šādā veidā visu gadu. Aukstākās vietās vai vietās, kur parasti ir daudz mākoņu segas, šo metodi var izmantot tikai dažas dienas gadā.

Saulē žūstošai pārtikai ir nepieciešams sauss, skaidrs laiks ar temperatūru vismaz 90 līdz 100 ° F.

Ja dzīvojat apgabalā, kur parasti ir duļķains vai gaisā ir daudz mitruma, iespējams, labāk ir izmantot kādu no citām dehidratācijas metodēm. Ja šķiet, ka gaidāmi slikti laikapstākļi, ir pareizi pārvietot pārtiku, kuru esat sācis kaltēt saulē, un pabeigt procesu cepeškrāsnī vai žāvētājā.

Lai žāvētu pārtiku saulē, uzklājiet slāni uz koka rāmja, kas pārklāts ar marli. Ja jūs uztraucaties par kukaiņu vai citu dzīvnieku iekļūšanu jūsu barībā, varat arī uzlikt marli. Regulāri apgrieziet ēdienu, lai nodrošinātu vienmērīgu žāvēšanu, pretējā gadījumā saulei pakļautā puse izžūs ātrāk.

Alternatīvi, jūs varat izvilkt auklas gabalu cauri ēdienam un pakārt to nožūt. Tādus priekšmetus kā gaļu var pakārt uz āķiem.

Izklājiet ēdienu vienā kārtā, atstājot vismaz dažus milimetrus starp katru gabalu, lai gaiss varētu cirkulēt ap to. Novietojiet paplāti vietā, kas lielāko dienas daļu saņem saules gaismu un kurā ir laba cirkulācija. Tagad viss, kas jums jādara, ir atstāt to tur, līdz ēdiens izžūst.

Dienas karstumā atstājiet ēdienu ārā un pēc tam ienesiet to iekšā vakara un nakts stundās.

Tas panāk divas lietas. Novērš barības rehidratāciju kondensācijas dēļ un attur dzīvniekus. Dzīvnieki bauda dehidrētu pārtiku tikpat daudz kā jūs, un ir zināms, ka tie naktīs klīst pa pagalmiem. Jūs nevēlaties, lai viss jūsu smagais darbs tiktu izniekojis laupītāja brieža vai jenots rokās.

Katru dienu apgrieziet ēdienu līdz pusei. Apakšdaļa saņem mazāk gaisa un saules un zaudē mazāk mitruma. Regulāri apgrieziet ēdienu, ko gatavojat, lai abas puses iegūtu vienādu daudzumu saules.

Nav noteikts laiks, kurā ēdienam jāatstāj nožūt. Visi grāmatās un internetā norādītie laiki ir aptuvens rādītājs tam, kas nepieciešams "normālos" apstākļos.

Kas īsti ir normāli apstākļi, to var uzminēt. Tas, kas ir normāls vienā vietā, būs neparasts citā. Iespējams, tāpēc dažādās literatūrās ir šādas sausuma laika variācijas. Esmu mēģinājis šajā grāmatā norādīt diapazonus, taču pat diapazoni var būt izslēgti. Vienīgais veids, kā pārliecināties, ka ēdiens ir pareizi izžāvēts, ir to rūpīgi uzraudzīt. Kad tas tuvojas diapazona apakšējai robežai, periodiski pārbaudiet to.

Žāvēšanas laiks mainās atkarībā no ēdienam pielietotā siltuma, mitruma un gaisa cirkulācijas apgabalā, kurā žāvējat. Jo karstāks ēdiens, jo ātrāk tas zaudēs mitrumu. Jo vairāk ir mitruma, jo lēnāk mitrums tiks absorbēts.

Ja dzīvojat apgabalā ar intensīvu transportlīdzekļu satiksmi vai augstu piesārņojuma līmeni, jums nevajadzētu žāvēt pārtiku gaisā. Piesārņojuma daļiņas var nokrist uz jūsu pārtikas un piesārņot to. Laika gaitā apēstās daļiņas var uzkrāties jūsu sistēmā un padarīt jūs slimu.

## Aprīkojums dehidratācijai

Dehidratācija galvenokārt ir saistīta ar sagatavošanās darbu, tāpēc pareizie instrumenti atvieglos jūsu darbu. Pārliecinieties, ka jums ir pieejami tālāk norādītie rīki.

Cepšanas paplāte: ja jums tādas vēl nav, kvalitatīva cepšanas paplāte, kas pareizi izkliedē siltumu un nevelkas augstā temperatūrā, ir lielisks papildinājums jūsu virtuvei. Izmantojiet to dārzeņu un zivju cepšanai.

Blenderis: Blenderi ir lieliski piemēroti mērču, zupu un augļu ādas biezeņu pagatavošanai. Šim nolūkam darbojas arī virtuves kombains vai iegremdējamais blenderis.

Četru kausu mērkrūze: šīs krūzes ir piemērotas šķidrumu mērīšanai un dehidrētu pārtikas produktu iznākuma mērīšanai (ja jums nav virtuves svaru).

Virtuves nazis: neskaitot pašu dehidratatoru, virtuves nazis ir vissvarīgākais dehidratācijas līdzeklis. Labs nazis ievērojami atvieglos sagatavošanās darbu. Iespējams, jums jau ir iecienīts nazis, kuram ir laba mala, asmeni ir taisni un kuru ir ērti turēt rokās ilgu laiku. Labiem nažiem nav jābūt dārgiem. Savā virtuvē izmantojam tos pašus nažus, ko piedāvā daudzas kulinārijas skolas; tie ir lēti, bet lieliski instrumenti darbam.

Virtuves svari: lēti digitālie svari ir ļoti noderīgi, lai precīzi izmērītu sastāvdaļas, un tie ir noderīgi arī gatavu un dehidrētu ēdienu mērīšanai un porciju sadalīšanai.

Pergamenta papīrs: izklājiet cepešpannas ar cepampapīru, lai ēdiens nepieliptu pie pannas. Tas arī atvieglo tīrīšanu.

## Kā dehidrēt

Augļu sagatavošana dehidratācijai

Lielāko daļu dehidratatoru neatkarīgi no izvēlētā zīmola vai modeļa ir viegli lietot. Pirmais solis augļu sagatavošanā dehidratācijas mašīnai ir augstas kvalitātes augļu atlase.

Augļiem jābūt svaigiem un gatavībā. Izvēloties vai iegādājoties produktu, rūpīgi nomazgājiet to un izmetiet visus sasitumus vai bojātos gabalus. Atkarībā no augļiem, ar kuriem apstrādājat, var būt nepieciešams nomizot, izņemt serdi vai izņemt kauliņus.

Pēc tam, kad augļi ir nomizoti un sagriezti šķēlēs, ir vēlams veikt priekšapstrādi, lai saglabātu produkta krāsu un svaigumu. Kad daži augļi, piemēram, āboli, bumbieri un persiki, ir sagriezti šķēlēs, to pakļaušana gaisa iedarbībai izraisa ķīmisku procesu, ko sauc par oksidāciju, kas izraisa mīkstuma krāsas maiņu. Antioksidantu lietošana uz laiku apturēs enzīmu darbību un novērsīs turpmākus augļu struktūras, garšas un izskata bojājumus. Lai pagatavotu šo šķīdumu, sajauciet nelielu daudzumu askorbīnskābes (1-2 tējkarotes) ar vienu tasi ūdens un vienmērīgi pārklājiet augļus ar šķidrumu.

## Dārzeņu sagatavošana dehidratācijai

Sagatavojot dārzeņus atūdeņošanai, noteikti izvēlieties kvalitatīvus dārzeņus bez plankumiem.

Īpaši noteiktiem dārzeņiem, piemēram, sakņu dārzeņiem un kartupeļiem, pirms dehidratācijas pārliecinieties, ka tie ir rūpīgi iztīrīti un iztīrīti. Tāpat kā augļus, dārzeņus vajadzētu sagriezt plānās un vienmērīgi šķēlēs, lai iegūtu labākos rezultātus.

Gandrīz visus dārzeņus vispirms vajadzētu blanšēt. Dārzeņu blanšēšana aptur enzīmu darbību un tādējādi ar laiku saglabā ēdiena krāsu un garšu, blanšēšanas procesā var tikt zaudētas dažas uzturvielas, dārzeņus verdošā ūdenī liec tikai uz nepieciešamo laiku.

Pēc tam, kad dārzeņi ir iegremdēti ledusaukstā ūdenī, rūpīgi nosusiniet pārtiku, pirms novietojat to uz paplātēm. Ņemiet vērā, ka neliels skaits dārzeņu, piemēram, sēnes un sīpoli, pirms dehidratācijas nav jāblanšē.

## Gaļas sagatavošana dehidratācijai

Dehidrēta gaļa ir garšīga un viegli pagatavojama, taču tai ir nepieciešamas īpašas lietošanas instrukcijas. Gaļas pagatavošanai drīkst izmantot tikai lieliskā stāvoklī esošu liesu gaļu. Izmantojot malto gaļu, tai jābūt vismaz 93% liesai.

Visai pārējai gaļai pirms griešanas rūpīgi jānogriež tauki.

Apsveriet iepriekšēju marinēšanu, lai gaļa būtu aromātiska. Ja tā, tad pirms ievietošanas dehidratatorā marinēto gaļu turi ledusskapī vai saldētavā. Pēc gaļas izņemšanas no ledusskapja rūpīgi noslaukiet tās virsmu, lai noņemtu lieko mitrumu, un ievietojiet dehidratora paplātēs. Kā vienmēr, jēla gaļa ir jātur tālāk no citiem pārtikas produktiem, un visas virsmas un piederumi, kas nonāk saskarē ar jēlu gaļu, ir rūpīgi jānotīra.

Pēc dehidratora izmantošanas eksperti iesaka kaltētas gaļas sloksnes desmit minūtes karsēt cepeškrāsnī 275 ° F vai ilgāk zemākā temperatūrā. Šis papildu solis samazina jebkādu atlikušo piesārņojuma iespēju, likvidējot patogēnus, vienlaikus radot vistradicionālāko saraustīšanas stilu garšas un tekstūras ziņā.

## Graudu, riekstu, pupiņu un sēklu sagatavošana dehidratācijai

Riekstus, sēklas, pupiņas un graudus var dehidrēt, izmantojot līdzīgu divpakāpju procesu. Pirmkārt, šie pārtikas produkti ir jāiemērc ūdens šķīdumā. Mērcēšana deaktivizē anti-uzturvielas, stimulē barības vielas, piemēram, dzelzi, kāliju un magniju, un ir labvēlīga jūsu gremošanas sistēmai. Mērcēt riekstus vai sēklas sāls šķīdumā 12-18 stundas. Pievieno ½ tējk. augstas kvalitātes jūras sāls katrai tasei ūdens. Tā kā slapjie rieksti un sēklas vairumam cilvēku nav pievilcīgi, riekstus varat ievietot dehidratatorā, lai pagatavotu gardu, kraukšķīgu, ēšanai gatavu uzkodu. Pēc ieteicamo laiku mērcēšanas izlejiet ūdeni un izpildiet dehidratācijas iekārtas norādījumus.

## Izmantojot savu dehidratatoru

Kad augļi, dārzeņi, garšaugi, gaļa, rieksti vai graudi ir sagatavoti, izklājiet tos plānās kārtās, nepārklājoties uz žāvēšanas paplātēm. Ieslēdziet dehidratatoru un noregulējiet temperatūru. Žāvēšanas laiks mainās atkarībā no jūsu rīcībā esošā dehidratora modeļa un ēdiena, kuru dehidrējat. Lielākajā daļā dehidratatoru ir norādījumi, kas norāda ieteicamās temperatūras un laikus noteiktu pārtikas produktu dehidrēšanai.

Parasti augļus un dārzeņus ieteicams žāvēt 130–140 °F temperatūrā. Gaļai un zivīm jābūt dehidrētam iekārtas augstākajā temperatūrā, kas parasti ir 145–155 °F. Dehidrējot gaļu, jums vajadzētu izmantot modeļus dehidratoriem ar regulējamu temperatūras kontroli, lai nodrošinātu, ka produkts ir drošs lietošanai. Žāvētiem augiem nepieciešama temperatūra, kas nepārsniedz 90 ° F, jo garšaugu aromātiskās eļļas ir jutīgas pret augstām temperatūrām. Rieksti, sēklas un graudi, kuriem ir arī augsts eļļas saturs, tiek optimāli žāvēti 90°-100°F temperatūrā.

## Dārzeņi

Svaigu produktu dehidratācija prasa nedaudz vairāk darba. Tos vajadzētu mazgāt, nomizot un sagriezt plānās kārtās. Dažiem var būt nepieciešama blanšēšana, vārīšana, serdes noņemšana un/vai sēklu noņemšana.

Vienmēr dehidrējiet svaigus produktus parastā cepeškrāsnī ar temperatūru tikai no 49°/120° līdz 54°/130°. Tas ļauj pakāpeniski zaudēt mitrumu un novērš mazāku gabalu sadegšanu.

Izmantojot dehidratatoru, iestatiet mašīnu uz zemāko temperatūru smalkiem dārzeņiem (piemēram, lapu zaļumiem, sīpoliem utt.); un augstākajā siltumā cietākiem produktiem (piemēram, pākšaugiem, sakņaugiem utt.) vai tiem, kuriem ir biezāki izcirtņi.

Izmantojiet aptuveni 1½ līdz 2 mārciņas vienā rotācijā.

Artišoku sirdis, zaļie zirnīši, svaigi lobīti utt.

Blanšējiet karstā ūdenī, pēc tam nekavējoties iegremdējiet ledus vannā, lai saglabātu krāsu.

Labi notecina. Ja nepieciešams, nosusiniet ar papīra dvieļiem.

Izpildiet ieteiktās darbības žāvēšanai krāsnī vai dehidratācijai. Skatlet: Žāvēšana krāsnī: 28. lpp. un Dehidratācija: 29. lpp. Tas var ilgt no piecām līdz četrpadsmit stundām. Tie tiek veikti, kad tie kļūst trausli un saburzīti.

Bietes, burkāni, manioka, daikons (Āzijas redīsi), kartupeļi, purpursarkanie burkāni, purpura jamss, saldie kartupeļi, jamss, cukini.

Labi noberziet ādu.

Dārzeņus, izņemot cukini, vāriet (daļēji vāriet), līdz tie kļūst mīksti (vai tad, kad ar dakšiņu var caurdurt ārējo kārtu).

Izņemiet no ūdens un nekavējoties iegremdējiet ledus vannā.

Kad dārzeņi ir pietiekami atdzisuši, lai tos varētu apstrādāt, nomizojiet tos un sagrieziet tos ⅛ collu biezos diskos. Labi notecina. Ja nepieciešams, nosusiniet ar papīra dvieļiem.

Izpildiet ieteiktās darbības žāvēšanai krāsnī vai dehidratācijai. Skatiet: Žāvēšana krāsnī: 28. lpp. un Žāvēšana: 29. lpp. Bietēm var būt vajadzīgas trīs līdz desmit stundas, lai nožūtu. Tas tiek darīts, kad atsevišķie diski ir sausi un ādai uz tausti. (Svarīgi: valkājiet pārtikai nekaitīgus cimdus, lai biešu sula nenokļūtu uz rokām.)

Burkāni, kartupeļi, purpura jamss, saldie kartupeļi un jamss var ilgt sešas līdz divpadsmit stundas. Kamēr cukini var prasīt piecas līdz desmit stundas žāvēšanas. To dara, kad čipsi kļūst kraukšķīgi. Dažiem gabaliem var būt gaisa kabatas vai brūnas malas, taču tas ir normāli.

## Garšaugu un garšvielu žāvēšana

Lielāko daļu garšaugu un garšvielu ir viegli audzēt mājās, un daudzus var audzēt mazos traukos uz balkona, lieveņa vai jebkuras jūsu mājas vai pagalma daļas, kas saņem regulāru saules gaismu. Papildus tam, ka garšaugi un garšvielas ir nozīmīgs veids, kā aromatizēt pārtiku, ar tiem ir saistītas daudzas veselības priekšrocības.

Žāvēšana ir ērts veids, kā saglabāt garšaugus un garšvielas, jo parasti atliek tikai izlikt lapas, ziedus vai sēklas un ļaut tām nožūt, pēc tam tās pēc saviem ieskatiem sasmalcināt vai sasmalcināt. Garšaugi un garšvielas jāžāvē dehidratorā, jo, žāvējot tos saulē, tie var zaudēt daļu spēka.

Šādi garšaugi un garšvielas ir piemēroti žāvēšanai:

- līcis.
- Selerijas lapas.
- Šervila.
- Cigoriņi.
- Maurloki.
- Koriandrs.
- Kanēļa standziņas.
- Krustnagliņa.
- Dilles.
- Laurels.
- Majorāns.
- Piparmētra.
- Oregano.
- Pētersīļi.
- Piparu graudi.
- Rozmarīns.
- Sāgas.
- Vasarīgi garšīgi.
- Estragons.
- Timiāns.

Novāciet garšaugus un garšvielas, noņemot tos no auga agri no rīta. Novāc tos, pirms ziedi atveras, un uzmanieties, lai ražas novākšanas laikā tos nesabojātu. Nemēģiniet izžāvēt bojātos gabalus. Žāvēšanas process neuzlabos bojātos garšaugus un garšvielas.

Novietojiet garšaugus vai garšvielas vienā kārtā uz dehidratora paplātes un izklājiet tos tā, lai starp tiem būtu vieta gaisa cirkulācijai. Lielākā daļa garšaugu un garšvielu jāžāvē temperatūrā no 115 līdz 125 grādiem F, taču noteikti pārbaudiet dehidratatora komplektācijā iekļauto dokumentāciju, lai redzētu, kāda ir ieteicamā temperatūra garšaugu un garšvielu žāvēšanai.

Garšaugu un garšvielu žūšanas laikam jābūt īsam. Lielākajai daļai garšaugu un garšvielu vajadzētu izžūt mazāk nekā 4 stundās. Garšaugi un garšvielas tiek pagatavoti, kad tie ir kraukšķīgi un trausli pieskaroties. Jums vajadzētu būt iespējai sasmalcināt lapas, stublājus un ziedus starp pirkstiem.

Dažus garšaugus un garšvielas var pakārt, lai tie izžūst. Rozmarīnu, timiānu, salviju un pētersīļus var pakārt iekštelpās un atstāt nožūt. Bazilika, oregano un piparmētru lapas pirms pakarināšanas jāieliek papīra maisiņā, lai nožūtu. Gaisa žāvēšanu var veikt telpās vai ārā, taču, ja žāvējat ārā, noteikti pakariniet garšaugus un garšvielas ēnainā vietā. Garšaugu žāvēšana gaisā var ilgt nedēļu vai divas, lai pareizi izžāvētu garšaugus.

Ja steidzaties, mikroviļņu krāsnī varat izžāvēt garšaugus un dažas garšvielas. Mikroviļņu krāsnī tos uzkarsē 2 minūtes un pārbaudiet. Ja tie joprojām ir mitri, mikroviļņu krāsnī 30 sekundes un pārbaudiet vēlreiz. Turpiniet cept augus mikroviļņu krāsnī ar 30 sekunžu soli, līdz tie ir sausi.

## Garšaugu un garšvielu uzglabāšana

Lūk, dilemma. Garšaugi un garšvielas saglabāsies daudz ilgāk, ja tos atstāj veselus, bet parasti tie tiek samalti vai sasmalcināti, kad tos izmanto receptēs. Katru reizi, kad vēlaties tos lietot, ir grūti sasmalcināt vai sasmalcināt garšaugus, it īpaši, ja vēlaties ātri pagatavot maltīti.

Tas, ko es daru, ir žāvēt lielu daudzumu garšaugu un garšvielu. Sasmalcinu pusi un uzglabāju tā, lai man vienmēr pa rokai būtu sasmalcināti vai samalti garšaugi un garšvielas. Pēc tam visu pārējo paturu saldētavā. Kad man beidzas, es sasmalcinu vai sasmalcinu visus garšaugus, kas man ir saldētavā, un esmu gatavs doties. Es zinu, ka, izņemot partiju no saldētavas, man drīz būs jāžāvē vairāk, pretējā gadījumā es beigšos.

## Vai žāvēšanas laikā tiek zaudētas barības vielas?

Ir dažas barības vielas, kas tiek zaudētas pirmapstrādes un žāvēšanas laikā. Ikreiz, kad pārtika tiek pakļauta karstuma, gaismas vai skābekļa iedarbībai, tā uzturvērtība samazināsies. Jo ilgāka ekspozīcija, jo lielāks kaitējums. Lielākā daļa augļu sāk bojāties, tiklīdz tie ir novākti. Šo degradāciju paātrina, iegriežot tajās vai citādi pakļaujot gaļu skābekļa iedarbībai.

Daudzi augļi satur fermentus, kas reaģē ar gaisu un izraisa brūnināšanu un barības vielu zudumu, tiklīdz tie tiek sagriezti. Ja kādreiz esat kādu laiku atstājis ābolu vai banānu ārā un redzējis, ka tas kļūst brūns, esat redzējis šo fermentu darbību. Šo reakciju uz skābekli gaisā var palēnināt līdz rāpošanai, veicot iepriekšēju apstrādi vai blanšējot augļus pēc sagriešanas.

Pārāk daudz siltuma, gaismas vai gaisa iedarbības var sabojāt šādus vitamīnus:

- Folāts (siltums).

- Riboflavīns (siltums).
- Tiamīns (siltums, gaisma).
- A vitamīns (gaiss, gaisma).
- B12 vitamīns (siltums, gaisma).

Komerciālā pārtika, kas ir pakļauta intensīvai apstrādei, zaudē daudz vairāk uzturvielu nekā mājās žāvēti augļi. Lai gan komerciāli žāvēti pārtikas produkti var zaudēt līdz pat 80% noteiktu vitamīnu, mājās žāvēti pārtikas produkti parasti nav tuvu šim daudzumam.

Veiciet šādus piesardzības pasākumus, lai samazinātu vitamīnu zudumu produkta apstrādes un žāvēšanas laikā:

### Vienlaicīgi strādājiet ar nelielām pārtikas partijām.

Ja strādājat ar lielām partijām un mēģināt iegūt daudz augļu vienlaikus, vispirms nogrieztie gabali tiek atstāti stāvus, kamēr apstrādājat pārējo produktu. Tas var izraisīt agrāko gabalu noārdīšanos daudz ātrāk nekā vēlāk sagriezto.

### Pārvietojiet pārtiku pirmapstrādei drīz pēc sagriešanas.

Laiks ir būtisks, apstrādājot augļus, kuriem ir tendence mainīt krāsu. Ir svarīgi pēc iespējas agrāk palēnināt fermentatīvās reakcijas, lai izvairītos no barības vielu zuduma.

### Uzmanīgi noregulējiet siltumu.

Liels karstums var paātrināt barības vielu zudumu, tāpēc to svarīgais siltums tiek rūpīgi uzraudzīts. Izmantojot dehidratatoru, jūs varat vislabāk kontrolēt siltuma daudzumu, kas izžāvē pārtiku, kurai tas ir pakļauts. Blanšēšana arī pakļauj pārtiku karstumam un var sabojāt barības vielas, taču tā var būt ļoti svarīga, lai nodrošinātu pareizu pārtikas uzglabāšanu. Blanšēšana nav tik svarīga procesam ar augļiem kā ar dārzeņiem.

## Uzglabājiet žāvētu pārtiku hermētiskā traukā.

Tas samazinās gaisa daudzumu, ar ko ēdiens nonāk saskarē. Ja traukā tiek ielaists gaiss, ēdiens var absorbēt mitrumu no gaisa, krasi saīsinot ēdiena derīguma termiņu.

Žāvējot pārtiku saulē, tā tiek pakļauta UV stariem, kas var sabojāt gaismas jutīgos vitamīnus.

Ja ir bažas par vitamīnu aizturi, žāvēšanai labāka izvēle var būt dehidrētājs.

Uzglabājiet pārtiku mazos vienas porcijas traukos.

Katru reizi, atverot konteineru, tajā ieplūst vairāk gaisa. Izmantojot vienas porcijas traukus, svaigā gaisā tiek pakļauti tikai ēdieni, kurus plānojat ēst.

Žāvēšanas procesā minerālvielas nezūd, bet pirmapstrāde var izraisīt minerālvielu zudumu. Gatavojot vai citādi pakļaujot augļus ūdens iedarbībai, daži minerāli var iekļūt ūdenī. Tas var notikt blanšēšanas laikā un atkārtoti rehidratācijas laikā. Pats žāvēšanas process minerālvielas neietekmē.

Žāvēšanas process parasti neietekmē kalorijas un cukuru, bet tie tiks koncentrēti mazākā iepakojumā. Rozīnēm ir tāds pats kaloriju saturs un cukura daudzums kā vīnogu laikā, taču tagad tās ir iepakotas mazākās rozīnēs. Žāvētos produktos ir vairāk kaloriju un vairāk cukura nekā parastajos produktos pēc tilpuma. Piemēram, 100 gramos vīnogu ir 15 grami cukura un 70 kalorijas. 100 gramos rozīņu ir 60 grami cukura un 300 kalorijas. Rozīnēs pēc tilpuma ir 3 reizes vairāk cukura un vairāk nekā 4 reizes vairāk kaloriju nekā vīnogām.

Šī iemesla dēļ ir svarīgi nepārēsties, kad runa ir par žāvētiem augļiem un dārzeņiem. Tie var būt veselīga daļa no vairuma diētu, bet tikai tad, ja tos patērē mērenībā.

## Labākās žāvētas pārtikas konservēšanas metodes

Pārkaltēt žāvētu pārtiku ir vienkārši neiespējama. Tāpēc, ja neesat pārliecināts, vai ēdiens ir pilnībā izžuvis, turpiniet to žāvēt, līdz esat pilnīgi pārliecināts.

Nekad neizmantojiet granulētu cukuru augļu ādām, jo cukurs laika gaitā kristalizēsies. Ja nepieciešams, varat izvēlēties medu vai kukurūzas sīrupu.

Lai pārtikas produkts tiktu uzskatīts par "dehidrētu", tam jābūt vismaz 95% bez mitruma. Ja tie nav un jūs mēģināt tos uzglabāt, tie ātri sapūs. Kā tu vari pateikt? Ja ēdiens ir mīksts, porains un lipīgs, tas nonāk atpakaļ dehidratorā. Ēdienu īsti "izkaltēt" nevar, tāpēc, jo cietāks un kraukšķīgāks, jo labāk. Ja nevēlaties, lai kāds konkrēts ēdiens būtu tik sauss, jums tas ir jāplāno gandrīz uzreiz, pirms baktērijām būs iespēja nokļūt līdz šim mitrumam.

## Uzglabājiet pārtiku pareizi

Pēdējais solis, kas jāatceras dehidratācijas procesā, ir droša uzglabāšana. Visa pārtika jāuzglabā tīros un sausos traukos ar hermētiski noslēgtiem vākiem, kas novērš mitrumu un kukaiņus. Ja esat iesācējs un vēl neplānojat bieži ēst dehidrētu pārtiku, vakuuma blīvēšana ir lieliska iespēja.

Droša uzglabāšana nozīmē arī to, ka zināt, cik ilgi pārtika pietiks, jo pat visvairāk dehidrēta pārtika neglabājas mūžīgi. Vienīgais izņēmums ir liofilizēta pārtika, kas var kalpot gadu desmitiem, taču lielākajai daļai cilvēku nav speciāla saldētavas. Ņemiet vērā, ka veikalā nopirktie dehidrētie pārtikas produkti saglabājas ilgāk nekā mājās gatavoti pārtikas produkti pievienoto konservantu dēļ.

Piemēram, veikalā iegādātie saraustītie izstrādājumi kalpo apmēram gadu, savukārt dehidrēti mājās, pareizi uzglabājot, izturēs tikai 1-2 mēnešus.

Veselīgās pārtikas veikalos parasti ir lielapjoma preces, piemēram, rīsi, milti, makaroni, prosa utt. Jautājiet, vai varat tos iegādāties vairumā. Daudzi veikali parasti dod atlaidi, pērkot visu kasti vai veselu somu.

Jums tie joprojām būs jāuzglabā tvertnē vai citā konteinerā. Varat izmantot jebkurus pārtikas traukus, kas jums ir. Vienkārši pārliecinieties, ka tie nav izmantoti toksiskiem vai bīstamiem materiāliem. Jūs nevēlaties, lai toksiskas atliekas piesārņo jūsu pārtiku.

Ja vēlaties, lielapjoma preces varat uzglabāt plastmasas pārtikas uzglabāšanas maisiņos, kas pieejami jebkurā pārtikas preču veikalā. Šim nolūkam labi darbojas viens un divi galonu izmēri. Pirms maisa aizzīmogošanas izspiediet gaisu no tā. Pirms tam varat pievienot arī skābekļa absorbcijas komplektus

Pēc plastmasas maisiņa aizzīmogošanas varat pievienot papildu aizsargkārtu, iesaiņojot to alumīnija folijā. Tas darbosies kā viegla vanna. Pēc tam ielieciet to citā lielākā plastmasas maisiņā, izspiediet gaisu un aizveriet.

## Mylar somas (metalizēti ieliktņi)

Šo maisiņu aizzīmogošanai varat izmantot folijas lenti. Viens zīmols ir Refectix, un tam vajadzētu būt pieejamam datortehnikas veikalos. Ja nē, sazinieties ar santehnikas veikaliem. 30 pēdu rullis maksā apmēram 4 USD. Ja maisiņā joprojām ir gaiss pēc tā aizzīmogošanas, ieduriet nelielu caurumu un izlaidiet gaisu. Pēc tam aizveriet caurumu. Vai arī varat izmantot pārnēsājamu karstuma blīvētāju, kas var maksāt vairāk nekā 100 USD.

Ja nevēlaties izmantot pārtikas tvertnes, varat šos iepakojumus glabāt kartona kastēs – tikai pārliecinieties, ka tajā nav peles. Vai arī varat izmantot 18 galonu un 22 galonu konteinerus, ko pārdod gandrīz visur (Wal-Mart, Kmart, Pamida, Gibson, datortehnikas veikalos). Rubbermaid tos ražo tāpat kā citi uzņēmumi. Katrs no tiem maksā apmēram 5–7 USD.

Ja pie jums ir ēdināšanas (restorāna) veikals, dodieties un apskatiet, kas ir pieejams, ko varat izmantot.

Jo sausāks ir ēdiens, jo ilgāk to var uzglabāt, tāpēc vēlēsities no pārtikas izņemt pēc iespējas vairāk mitruma. Gaisa necaurlaidīgi plastmasas maisiņi un/vai konteineri ir lieliska iespēja pārtikas uzglabāšanai un izturībai pret bojājumiem. Lielākā daļa dehidrētās pārtikas uzturvērtības tiks saglabāta, lai gan tā nebūs tik barojoša, kā citādi.

Paturiet prātā, ka, ilgstoši uzglabājot jebkuru pārtiku, tā jāuzglabā vēsā, sausā vietā istabas temperatūrā. Jebkura vieta, kas ir mitra vai pārāk silta, ir automātiski jāizslēdz no pārtikas uzglabāšanas, jo ir lielāka iespēja, ka pārtika sapelēs, pat ja tā ir konservēta.

## Kā uzglabāt Jerky

Labākais veids, kā uzglabāt malto gaļu, ir uzskatīt to par svaigu pārtiku.

Ierobežojiet trieciena iedarbību uz gaisu.
Saglabājiet gaļas kvalitāti, uzglabājot to hermētiskā traukā. Vakuuma iepakojumu, atkārtoti noslēdzamus maisiņus un plastmasas iesaiņojumu var izmantot, lai iesaiņotu jūsu saraustītus, un tie efektīvi aiztur gaisu. Iespēja, kas padarītu ievārījumu visvieglāk pieejamu, ir ievietot to uzglabāšanas traukā vai burkā ar vāku.

Uzrakstiet uz iepakojuma derīguma termiņa sākuma datumu, lai zinātu ievārījuma vecumu un glabāšanas laiku.

Atdaliet atsitienu pēc veida. Ievietojiet dažāda veida saraustītus produktus dažādos traukos, lai garšas būtu atšķirīgas, nodrošinot izcilu kvalitāti.

**Noņemiet jebkuru mitruma avotu.**
Izmantojiet papīra dvieli, lai nosusinātu domkratu. Ja pamanāt uz gaļas mitrumu vai taukus, par ko liecina mitrums vai virsmas spīdums, viegli nositiet gaļas virsmu ar papīra dvieli.

Kamēr ievārījums tiek uzglabāts, nodrošiniet mitrumu, novietojot to starp papīra dvieļu slāņiem traukā. Dvieļi uzsūks jebkādu mitrumu no saraustītas vai pannas. Nomainiet dvieļus, kad pamanāt mitruma klātbūtni.

**Uzziniet maltās gaļas derīguma terminu.**
Laikapstākļi ietekmēs jūsu atsitiena kvalitāti. Izmantojot pareizu uzglabāšanas tehniku, saraustītus izstrādājumus var droši uzglabāt dažāda ilguma atkarībā no tā, kur tos glabājat.

Atstājiet ievārījumu vēsā, sausā vietā. Pareizi ievietojot domkratu hermētiskā traukā, varat atstāt domkratu uz darba virsmas vai citā vēsā un sausā vietā ne ilgāk kā 1 mēnesi.

Ielieciet ievārījumu ledusskapī. Jerky var uzglabāt ledusskapī, lai to izmantotu 6 mēnešu laikā.

Uzglabājiet mājās gatavotu ievārījumu saldētavā. Saraustītais glabājas līdz 1 gadam, ja to uzglabā saldētavā

## Kā uzglabāt garšaugus?

Kad lapas ir pilnībā izžuvušas, atdaliet lapas no kātlem un uzglabājiet lapas (vai nu veselas, vai viegli drupinātas) gaismas necaurlaidīgos traukos.

Kas attiecas uz žāvēšanu cepeškrāsnī, ļaujiet kaltētajiem augiem atdzist un viegli sasmalciniet lapas. Uzglabājiet žāvētus garšaugus gaismas izturīgos traukos.

Glabājiet visus žāvētos augus vēsā, tumšā vietā hermētiski noslēgtos traukos.

Nekad neuzglabājiet augu etiķus saulē vai uz apgaismota letes, ja plānojat tos lietot, neatkarīgi no tā, cik jauki tie izskatās. Tie vienmēr jāuzglabā ledusskapī.

## BUJ

### Cik ilgi pietiks dehidrēta pārtika?

Pareizi sagatavojot un uzglabājot, dehidrēta pārtika var kalpot 5 līdz 10 gadus. Bet ir ieteicams izmantot savu četru līdz sešu mēnešu laikā.

### Vai dehidrējot pārtiku, tiek noņemtas (vai saglabātas) barības vielas?

Jā, dažas uzturvielas var noņemt, kad pārtika ir dehidrēta, bet ne vairāk kā citas konservēšanas metodes. Siltums un gaisma ir atbildīgi par vitamīnu sadalīšanos. Tas nozīmē, ka konservēšanas metode iznīcina vairāk barības vielu nekā zemas temperatūras un zema mitruma dehidratācijas metode. Blanšējot, var samazināt tiamīna un A un C vitamīna daudzumu, kas ir izsmelts no jūsu dārzeņiem.

### Vai dehidrējošs ēdiens nogalina baktērijas?

Ja jūs dehidrējat dārzeņus un augļus, līdz to mitruma saturs ir no pieciem līdz divdesmit procentiem, jūs esat noņēmis baktērijas, kas var izraisīt pārtikas bojāšanos. Ja jūs uztrauc baktērijas uz jūsu gaļas, USDA iesaka vispirms uzsildīt jēlu gaļu līdz 160 ° F un pēc tam dehidrēt nemainīgā 145 ° F temperatūrā.

## Vai dehidrējošs ēdiens palielina cukura līmeni

Vairumā gadījumu jā, jo, dehidrējot pārtiku augstākā temperatūrā, tas izraisīs fermentu nāvi. Biezāka pārtika var izturēt augstāku temperatūru, neiznīcinot fermentus. Bet lielākā daļa fermentu galu galā kļūs neaktīvi, kad temperatūra paaugstinās no 140 ° līdz 160 ° F.

## Vai pagatavotu ēdienu var dehidrēt?

Jā. Maltītes var būt pat dehidrētas, taču daži vārīti ēdieni dehidrē labāk nekā citi. Ja žāvējat pārtiku ilgstošai uzglabāšanai, kempingā vai mugursomā, varat pagatavot rīsu ēdienus, sautējumus un desertus un nožūt, izmantojot nepiedegošās loksnes uz žāvēšanas paplātēm. Un pēc tam noņemiet nepiedegošo loksni, kad tie sasniedz mitru, drupanu konsistenci.

## Kā es varu uzglabāt žāvētu pārtiku?

Dehidrēti dārzeņi var kalpot līdz desmit gadiem, bet augļi - līdz pieciem, ja tos pareizi uzglabā. Labākais veids, kā ilgstoši saglabāt žāvētu pārtiku, ir to izsūkt ar skābekļa absorbētāju un turēt vēsā, tumšā vietā. Ja 12 mēnešu laikā ēdīsit žāvētu pārtiku bez gaļas, uzglabājiet to atkārtoti lietojamos maisiņos vai saldētavas maisiņos ar izspiestu gaisu.

Ja mēneša laikā plānojat ēst jūras veltes un gaļu, varat tās uzglabāt saldētavas maisiņos un glabāt vēsā, tumšā vietā; pretējā gadījumā vislabāk ir tos noslēgt ar vakuumu un sasaldēt. Gaļa var kalpot līdz pat gadam, ja to pareizi uzglabā saldētavā.

## Labākās metodes, temperatūra un gatavošanas laiks sausai pārtikai
## Veidi mājās

### Pārtikas pirmapstrāde

Lai iegūtu vislabākos rezultātus, lielākā daļa pārtikas produktu ir iepriekš jāapstrādā pirms dehidratācijas. Tālāk ir norādītas visbiežāk izmantotās pirmapstrādes metodes:

### Vanna ar askorbīnskābi vai C vitamīnu

Mērcējot augļus vai mīkstus dārzeņus askorbīnskābes šķīdumā (viena daļa askorbīnskābes uz 1 galonu ūdens) tūlīt pēc griešanas, tie nemainīs krāsu un apbrūninās. Izņēmums ir lapu zaļumi, garšaugi un brokoļi, jo skābe tos nopietni mainīs. Šim nolūkam sagrieztos augļus nekavējoties iemērciet šķīdumā 8 līdz 10 minūtes. Nokāš, lai dehidrētu.

### Ādas plaisāšana

Augļiem ar stingrāku mizu, piemēram, plūmēm, ķiršiem, vīnogām, vīģēm vai ogām, pirms dehidratācijas var būt nepieciešams saplaisāt, lai pareizi izvilktu no augļiem mitrumu. Šim nolūkam uzvāra katlu ar ūdeni un 15 sekundes iemērc tajā augļus. Izņemiet tos un nekavējoties iemērciet ledus aukstā ūdenī. Pirms to žāvēšanas pilnībā iztukšojiet ūdeni.

### Blanšēšana

Tas ir process, ko izmanto dārzeņu applaucēšanai verdošā ūdenī vai tvaikos, lai apturētu fermentatīvo darbību dārzeņos. Esiet piesardzīgs attiecībā uz laiku, jo pārmērīga blanšēšana izraisa barības vielu zudumu, un nepietiekama blanšēšana var izraisīt pārtikas sabojāšanos dehidratācijas laikā vai pēc tās. Parasti tiek izmantotas divas blanšēšanas metodes: dārzeņu vārīšana kādu laiku ūdenī un dārzeņu vārīšana virs verdoša ūdens līmeņa, ko sauc arī par blanšēšanu ar tvaiku – verdošā ūdens tvaiki dārzeņus sadedzina.

## Vanna ar citronskābi
Citronskābe nogalina baktērijas un aptur pārtikas krāsas maiņu. Šim nolūkam sajauciet tējkaroti citronskābes 2,5 glāzēs ūdens vai vienādās daļās ūdens un citronu sulas. Iemērciet pārtiku 8 līdz 10 minūtes un pilnībā iztukšojiet pirms dehidratācijas.

## Uzglabāšana
Dehidrēta pārtika var ilgt gadiem, ja to pareizi uzglabā. Lai nodrošinātu maksimālu glabāšanas laiku, žāvēta pārtika ir jāaizsargā no mitruma, karstuma, mikroorganismiem, gaismas un skābekļa. Galvenās uzglabāšanas darbības ir šādas:

## Dzesēšana
Kad augļi ir pietiekami izžuvuši, izņemiet tos no žāvētāja un pilnībā atdzesējiet augļus vēsā, sausā vietā pusstundu; Uzglabājot karstu ēdienu, kondensāta dēļ atkal veidosies mitrums. Neatstājiet žāvētu pārtiku pārāk ilgi, jo tas arī izraisīs mitruma atgriešanos ēdienā.

## Kondicionēšana
Lai nodrošinātu vienmērīgu mitruma sadalījumu pārtikā, ievietojiet žāvēto pārtiku vaļīgā iepakojumā un aizveriet to 2 līdz 4 dienas.

## Iepakojums
Kā pēdējais uzglabāšanas posms jums ir jāiepako dehidrētā pārtika hermētiski noslēgtās burkās vai kārbās. Glabājiet burkas vai konteinerus vēsā, tumšā, sausā vietā, lai pagarinātu glabāšanas laiku.

## Dehidratatoru veidi

Lai gan ir daudzas metodes pārtikas dehidrēšanai, piemēram, žāvēšana saulē un žāvēšana cepeškrāsnī, visērtākā metode ir izmantot elektrisko dehidratatoru. Kāpēc?

Jo tas ir vienkāršs un bezrūpīgs veids, kā dehidrēt pārtiku.

Tirgū varat iegādāties komerciālus elektriskos dehidratatorus, kas atbilst jūsu vajadzībām, vai arī varat izvēlēties DIY dehidratatoru mājās.

### DIY mājas dehidrators

Ja nepieciešams ražot lielas žāvētas pārtikas partijas, varat izveidot savu dehidratatoru no kastes ar koka rāmi. Viss, kas jums nepieciešams, ir pastāvīgs karstums (gāzes deglis) un gaisa plūsma (ventilators), kā arī daži plaukti vai paplātes, kur novietot ēdienu. Tomēr, ja esat iesācējs, temperatūras līmeņa kontrole kļūst sarežģīta un dažreiz sarežģītā tīrīšanas procesa dēļ rodas pilnīgs haoss. Lai sasniegtu optimālus temperatūras līmeņus DIY dehidratatoros, jums ir nepieciešams daudz eksperimentu un testu.

### Elektriskie dehidratatori

Ja plānojat regulāri žāvēt pārtiku, vislabākais risinājums ir ieguldīt komerciālā elektriskajā dehidratatorā. Viņi var apstrādāt lielu daudzumu pārtikas, un vislabākais ir tas, ka jūs varat kontrolēt temperatūru un gaisa cirkulāciju bez īpašas piepūles. Noderīgā un labi izgatavotā elektriskajā dehidratatorā ar termostatiski vadāmas apkures sistēmas palīdzību temperatūra saglabājas nemainīga visā žāvēšanas procesā, un pareiza gaisa plūsma tiek panākta caur iebūvētu ventilatoru, lai nodrošinātu pilnīgu iztvaikošanu.

Nelielu vienību ar 4 vai 5 paplātēm varat iegūt par mazāk nekā simts dolāriem, ja vēlaties izžāvēt nelielas partijas vienā piegājienā. Tomēr, ja plānojat vienlaikus žāvēt daudz pārtikas, varat iegādāties komerciālu dehidratatoru ar desmit vai vairāk traukiem.

## Dehidratācijas rīku komplekts

Jūs esat iegādājies labu un piemērotu dehidratatoru, taču joprojām ir daži citi instrumenti un produkti, kas jums var būt nepieciešami, lai palielinātu žāvētās pārtikas produktivitāti un kvalitāti. Bet atcerieties, lai tas būtu vienkāršs un viegli lietojams. Jums vajadzētu:

- Viegli nomizojami āboli un ķirši ātram un efektīvam darbam
- Blanšēšanai jums būs nepieciešams dziļš trauks ar cieši noslēgtu vāku
- Caurduris ievietošanai traukā pārtikas turēšanai blanšēšanai
- Nerūsējošā tērauda naži pārtikas un gaļas griešanai
- Askorbīnskābe vai citronu sula augļu peldēšanai ar C vitamīnu
- Liels katls vai vanna askorbīnskābes vai citronu sulas šķīduma turēšanai
- Blenderis augļu ādas vai dehidrēta pārtikas pulvera pagatavošanai
- Vienreizlietojami lateksa vai vinila cimdi, lai apstrādātu žāvētu pārtiku, lai novērstu tās bojāšanos, jo, rīkojoties ar žāvētu pārtiku ar rokām, mitrums un siltums no rokām tiek pārnesti uz pārtiku.
- Neilona siets novietošanai uz paplātēm vai plauktiem

- Hermētiski konteineri dehidrētu pārtikas produktu uzglabāšanai, piemēram, burkas vai kannas ar hermētisku vāku, vai rāvējslēdzēja maisiņi, kurus var noslēgt ar vakuumu.
- Ierīce vienmērīgai dārzeņu rīvēšanai un sagriešanai
- Gaļas griezējs vienmērīgai vēlamā biezuma gaļas ātrai un efektīvai sagriešanai, kā arī vienmērīgai augļu un dārzeņu sagriešanai čipsu un krekeru pagatavošanai.
- .Dažreiz pirms dehidratācijas ēdienu nepieciešams mērcēt un apkaisīt ar C vitamīnu vai citronu sulu, lai izvairītos no brūnināšanas. Šim nolūkam smidzināšanas pudele ir risinājums bez traucējumiem, un tas tiek ātri paveikts.
- Ādas apstrādei ļoti noderīga ir saspiežamā pudele. Jūs varat izspiest biezeni tieši uz žāvēšanas loksnēm vai pat varat sajaukt dažādu krāsu biezeņus, lai izveidotu daudzkrāsainu dizainu.

Dehidratora izmantošana ir visefektīvākais veids, kā noņemt mitrumu no pārtikas un pagarināt tā glabāšanas laiku.

## Žāvēšana ar dehidratatoru

Mūsdienās labākā metode ir dehidratācija ar pārtikas dehidratatoru. Jūs kontrolējat temperatūru, laiku un gaisa plūsmu. Novietojiet ēdienu uz paplātes, aizveriet vāku un uzkarsējiet to līdz atbilstošai temperatūrai, izmantojot elektrisko sildītāju uz norādīto laiku. Laiki mainās atkarībā no tā, ko žāvējat un cik daudz. Ventilators cirkulē siltumu ap ēdienu, savukārt ventilācijas atveres ļauj izplūst mitram gaisam.

## Kvalitāte

Jebkurai ierīcei, kas pieskaras pārtikai, jāatbilst noteiktiem standartiem. Pievienojiet siltumu un iespēju, ka pārtika var tikt piesārņota ar ķīmiskām vielām, un materiāla kvalitāte kļūst par lielu problēmu. Dehidratora konteineri ir izgatavoti no plastmasas, tāpēc, ja tas rada bažas, pārliecinieties, vai tie nesatur BPA. Ar labākiem materiāliem nāk augstāka cena, taču tas nav galvenais izmaksu virzītājspēks. Jūs joprojām varat atrast pieejamus dehidratatorus, kas izgatavoti no detaļām, kas nesatur ķīmiskas vielas.

## Burkānu krekeri

**Pagatavošanas laiks: 20 minūtes**
**Dehidratācijas laiks: 6 stundas**
**Porcija: 10**

**Sastāvdaļas:**
- 1 glāze mandeles, iemērc uz nakti, noskalo un nosusina
- 2 tases burkānu mīkstuma
- 1 ēdamkarote maltu čia sēklu
- 2 ēdamkarotes maltu linsēklu
- 1 tējkarote itāļu garšvielu
- 1 ēdamkarote kokosriekstu aminoskābju
- ½ tējkarotes kūpinātas paprikas
- 1 karote žāvētu sīpolu
- ½ tējkarotes sarkano piparu pārslu
- 2 tases ūdens

**Virziens:**
1. Pievienojiet mandeles virtuves kombainā vai blenderī.
2. Pulsē līdz drupanai.
3. Sajauc pārējās sastāvdaļas.
4. Pulsējiet, līdz tas ir pilnībā apvienots.
5. Cosori premium pārtikas žāvētājā izklāj plānu mīklas kārtu.
6. Žāvējiet 125 ° F temperatūrā 2 stundas.
7. Mīklu sagriež, veidojot krekerus.
8. Žāvē 115 grādos 8 stundas.

9. Uzglabāšanas ieteikumi: Uzglabāt hermētiskā pārtikas traukā līdz 5 dienām.
10. **Padoms:**iemērc mandeles uz nakti dienu pirms apstrādes.

**uzturs:**Kalorijas: 122 Tauki: 7,4 g Ogļhidrāti: 10,8 g Olbaltumvielas: 3,9 g.

## Saldo kartupeļu čipsi

**Pagatavošanas laiks: 15 minūtes**
**Dehidratācijas laiks: 4 stundas**
**Porcijas: 2**
**Sastāvdaļas:**
- 2 saldie kartupeļi, noberzti un smalki sagriezti
- Pievienojiet sāli pēc garšas
- 2 tējkarotes sīpolu pulvera

**Virziens:**
1. Izklājiet saldos kartupeļus cosori premium pārtikas dehidratorā.
2. Apstrādājiet 155 grādos f 2 stundas.
3. Pagrieziet un žāvējiet vēl 2 stundas.
4. Apkaisa ar sāli un sīpolu pulveri.
5. Uzglabāšanas ieteikumi: uzglabāt atkārtoti noslēdzamā plastmasas maisiņā.
6. **Padoms:**izmantojiet mājās gatavotu sīpolu pulveri.

**uzturs:**kalorijas 195, tauki 3, šķiedrvielas 1, ogļhidrāti 20, olbaltumvielas 4

# Tomātu un linsēklu krekeri

**Pagatavošanas laiks: 20 minūtes**
**Dehidratācijas laiks: 8 stundas**
**Porcija: 24**

**Sastāvdaļas:**
- 1 glāze linsēklu
- 8 saulē kaltēti tomāti
- 1 paprika, sasmalcināta
- 1 ēdamkarote olīveļļas
- Pievienojiet sāli pēc garšas
- 2 tomāti, sasmalcināti
- 1 sīpols, sasmalcināts
- 1 ķiploka daiviņa, saspiesta caur ķiplokspiedi
- ¼ glāzes kaltētas oregano lapas, sasmalcinātas
- Pievienojiet sāli un piparus pēc garšas

**Virziens:**
1. Ievietojiet linu sēklas bļodā.
2. Citā bļodā sajauc atlikušās sastāvdaļas.
3. Iemaisa linsēklas.
4. Sajauc visas sastāvdaļas virtuves kombainā.
5. Pulsējiet, līdz tas ir pilnībā apvienots.
6. Izklājiet maisījumu cosori premium pārtikas dehidrētājā.
7. Apstrādājiet 110 grādos f 12 stundas.
8. Uzglabāšanas ieteikumi: uzglabāt hermētiskā burkā līdz 9 dienām.
9. **Padoms:** pirms apstrādes iemērciet linu sēklas ūdenī 2 stundas.

**uzturs:** Kalorijas: 178, tauki: 13,3 g, ogļhidrāti: 10,7 g, olbaltumvielas: 4,4 g

# Krekeri ar sēklām

**Gatavošanas laiks: x stundas**
**Dehidratācijas laiks: x stundas**
**Porcija: 10**

**Sastāvdaļas:**
- ¼ glāzes čia sēklu
- ¾ glāzes linu sēklu
- 1 glāze ūdens
- ¼ glāzes kaņepju sēklu
- 1/3 tase saulespuķu sēklas
- 2 ēdamkarotes ķirbju sēklu
- 1 ēdamkarote itāļu garšvielu
- Pievienojiet sāli un piparus pēc garšas

**Virziens:**
1. Mērcēt čia sēklas un linu sēklas ūdenī 1 stundu.
2. Notecina.
3. Pārnes bļodā.
4. Sajauc pārējās sastāvdaļas.
5. Apstrādājiet 115 ° F temperatūrā 90 minūtes.
6. Apgrieziet un sadaliet mazākos gabaliņos.
7. Žāvējiet 105 ° F temperatūrā 8 stundas.
8. Uzglabāšanas ieteikumi: Uzglabāt hermētiskā traukā līdz 7 dienām.
9. **Padoms:** pasniedz ar humusu.

**uzturs:** Kalorijas: 178, tauki: 13,3 g, ogļhidrāti: 10,7 g, olbaltumvielas: 4,4 g

# Ābolu kaneļa čipsi

**Pagatavošanas laiks: 15 minūtes**

**Dehidratācijas laiks: 8 stundas**

**Porcijas: 4**

**Sastāvdaļas:**
- 4 āboli, plānās šķēlēs
- ¼ glāzes cukura
- 1 karote malta kaneļa

**Virziens:**
1. Sajauc kanēli un cukuru.
2. Pārklājiet ābolu šķēles ar šo maisījumu.
3. Ievietojiet ābolu šķēles Cosori premium pārtikas dehidratorā.
4. Apstrādājiet 135 grādos f 12 stundas.
5. Uzglabāšanas ieteikumi: Uzglabāt hermētiskā pārtikas traukā.
6. **Padoms:** izmantojiet mandolīnas griezēju, lai plānās šķēlēs sagrieztu ābolus.

**uzturs:** kalorijas 195, tauki 3, šķiedrvielas 1, ogļhidrāti 20, olbaltumvielas 4

## Vegānu maize

**Pagatavošanas laiks: 30 minūtes**
**Dehidratācijas laiks: 6 stundas**
**Porcijas: 4**

**Sastāvdaļas:**
- 1 galviņa ziedkāpostu
- 1 tējkarote kurkuma
- 2 karotes linsēklu
- 1/2 tase psyllium miziņas
- 1/2 tase alus rauga
- 4 lieli cukini
- Sāls un melnie pipari

**Instrukcijas:**

1. Ziedkāpostu un cukini liek virtuves kombainā un pulsē, līdz tie veido pastu. Pievienojiet kurkumu, linu sēklas, psyllium, raugu un šķipsniņu sāls un melnos piparus. Pulsējiet vēlreiz, līdz visas sastāvdaļas ir labi sajauktas.
2. Novietojiet paraflexx ekrānus sava Excalibur pārtikas dehidratora plauktos. Veidojiet maisījumu apmēram 1/2 collu biezās šķēlēs un novietojiet uz režģiem.
3. Iestatiet savu ekskaliburu uz 150f un dehidrējiet 6 stundas. Maize nedrīkst būt pilnīgi sausa. Vienai pusei jābūt nedaudz mīkstai.

**uzturs:** kalorijas: 219 tauki: 1,9 g, ogļhidrāti: 61,6 g proteīna: 10,1 g.

## Pūkainie vakariņu rullīši

**Pagatavošanas laiks: 15 minūtes**
**Dehidratācijas laiks: 7 stundas**
**Porcijas: 4**

**Sastāvdaļas:**
- 2 glāzes mandeļu miltu
- 1 glāze psyllium
- 3 ēdamkarotes maltu linsēklu
- 1 ēdamkarote sīpolu pulvera
- 2 tējkarotes ķiploku pulvera
- 1 ēdamkarote citrona sulas
- 1 tējkarote sāls
- 1/3 tase ūdens

**Instrukcijas:**
1. Lielā bļodā sajauciet miltus, psiliju, linu sēklas, sīpolu pulveri, ķiploku pulveri, citrona sulu, sāli un ūdeni. Labi samaisiet, līdz tas ir apvienots.
2. Sagatavo maisījumu 6 apaļos ruļļos.
3. Novietojiet paraflexx ekrānus uz sava ekskalibura plauktiem. Novietojiet ruļļus uz ekrāniem tā, lai tie nesaskartos. Dehidrējiet 145 f temperatūrā vienu stundu, pēc tam samaziniet līdz 110 f atlikušās 6 stundas. Izņemiet no režģiem un pasniedziet siltu vai ļaujiet atdzist pirms uzglabāšanas.

**uzturs:** Kalorijas: 319 Tauki: 7,1 g Ogļhidrāti: 95,2 g Olbaltumvielas: 3,5 g.

# Garšaugu un mandeļu krekeri

**Pagatavošanas laiks:** 10 minūtes
**Dehidratācijas laiks:** 12 stundas
**Porcijas:** 4

**Sastāvdaļas:**
- 2 glāzes mandeles
- 1/2 tase maltu linsēklu
- 1/4 tase alus rauga
- 3/4 tase ūdens
- 2 ēdamkarotes svaiga rozmarīna, smalki sagriezta
- 1 tējkarote sāls
- 1/2 tējkarotes melno piparu

**Instrukcijas:**
1. Virtuves kombainā sajauc mandeles, linu sēklas, raugu, sāli un piparus. Pulsējiet, līdz tas ir labi apvienots.
2. Lēnām pievienojiet ūdeni, turpinot pulsēt, līdz veidojas pasta.
3. Novietojiet paraflexx sietus uz sava ekskalibura statīviem un uzklājiet plānu pastas kārtu uz katra ekrāna. Iestatiet Excalibur uz 115f un dehidrējiet 12 stundas vai līdz krekeri ir kraukšķīgi. Noņemiet no grila un sadaliet mazos gabaliņos, lai pasniegtu.

**uzturs:** kalorijas: 260 tauki: 19,3 g, ogļhidrāti: 13,3 g proteīna: 11,6 g.

# Burkānu krekeri

**Pagatavošanas laiks: 20 minūtes**
**Dehidratācijas laiks: 12 stundas**
**Porcija: 12**
**Sastāvdaļas:**
- 6 lieli burkāni, nomizoti
- 1/2 tase maltu linsēklu
- 1 tomāts, kubiņos
- 1 citrona sula
- 1/2 tase sezama sēklu
- 1/2 tase čia sēklu
- 3/4 tase ūdens

**Instrukcijas:**
1. Virtuves kombainā sajauciet burkānus, linu sēklas, tomātus, citrona sulu un ūdeni un pulsējiet, līdz izveidojas pasta. Pievienojiet čia sēklas un sezama sēklas un samaisiet, lai apvienotos.
2. Novietojiet paraflexx ekrānus sava Excalibur pārtikas dehidratora plauktos. Vienmērīgi izklājiet pastu uz ekrāniem apmēram 1/4 collas biezumā.
3. Iestatiet savu ekskaliburu uz 105f un dehidrējiet 12 stundas. Izņemiet krekerus no Excalibur un ļaujiet pilnībā atdzist. Krekeri atdziestot kļūs kraukšķīgi.

**uzturs:** Kalorijas: 122 Tauki: 7,4 g Ogļhidrāti: 10,8 g Olbaltumvielas: 3,9 g.

# Saldo kartupeļu čipsi

**Pagatavošanas laiks: 10 minūtes**
**Dehidratācijas laiks: 14 stundas**
**Porcijas: 4**
**Sastāvdaļas:**
- 2 lieli saldie kartupeļi
- 2 tējkarotes kokosriekstu eļļas, izkausēta
- 2 tējkarotes sāls

**Instrukcijas:**
1. Izmantojot mandolīnu, sagrieziet kartupeļus plānās kārtās. Lielā bļodā sajauciet kartupeļu šķēles, sāli un kokosriekstu eļļu un samaisiet, lai pārklātu.
2. Novietojiet paraflexx sietus uz sava excalibur dehidratatora statīviem un vienā kārtā novietojiet kartupeļu šķēles uz plauktiem.
3. Iestatiet Excalibur uz 125f un dehidrējiet 12 līdz 14 stundas vai līdz kartupeļu daiviņas ir kraukšķīgas. Izņemiet no sieta un uzglabājiet vēsā, sausā vietā, ja neizmantojat nekavējoties.

**uzturs:** Kalorijas: 13 Tauki: 1,5 g Ogļhidrāti: 0,1 g Olbaltumvielas: 0 g.

# Meksikas krekeri

**Pagatavošanas laiks: 30 minūtes**
**Dehidratācijas laiks: 6 stundas**
**Porcija: 15**
**Sastāvdaļas:**
- ½ glāzes čia sēklu
- 1 glāze zeltainu linu sēklu
- ½ glāzes ķirbju sēklu
- ½ glāzes saulespuķu sēklu
- 1 sarkanā paprika, sasmalcināta
- ¼ sīpols, sasmalcināts
- 1 glāze burkānu mīkstuma
- 1½ tējkarotes chipotle pulvera
- 1 tējkarote ķiploku pulvera
- Pievienojiet sāli pēc garšas
- ½ tējkarotes kajēnas piparu

**Virziens:**
1. visas sēklas apstrādā blenderī, līdz tās kļūst par pulveri.
2. Iemaisa piparus un sīpolus.
3. Pulsē līdz gludai.
4. Sajauc pārējās sastāvdaļas.
5. Pulsējiet, līdz tas ir pilnībā apvienots.
6. Izklājiet maisījumu cosori premium pārtikas dehidrētājā.
7. Vārtu krekeri.
8. Žāvējiet 115 ° F temperatūrā 6 stundas.
9. Uzglabāšanas ieteikumi: Uzglabāt noslēgtā pārtikas traukā līdz 5 dienām.

**Padoms:** pirms apstrādes 6 stundas iemērciet sēklas atsevišķos ūdens traukos.

**uzturs:**Kalorijas: 122 Tauki: 7,4 g Ogļhidrāti: 10,8 g Olbaltumvielas: 3,9 g.

# Linu krekeri

**Gatavošanas laiks:** 4 stundas un 10 minūtes
**Dehidratācijas laiks: 24 stundas**
**Porcijas:** 12 krekeri
**Sastāvdaļas:**
- 1 ½ glāzes ūdens
- 1 ķiploka daiviņa, malta
- ¾ glāzes zeltainu linu sēklu
- ¼ glāzes linu sēklas
- 3 tējkarotes sezama sēklu, sasmalcinātas
- 3 tējkarotes sasmalcinātu magoņu sēklu
- 3 tējkarotes ķiploku pārslu
- 3 tējkarotes sīpolu pārslu
- 3 tējkarotes sāls

**Virziens:**
1. Pievienojiet ūdeni un ķiplokus blenderī.
2. Sablenderē līdz gludai.
3. Ielejiet maisījumu bļodā ar linu sēklām.
4. Mērcēt 4 stundas.
5. Izklājiet želatīna maisījumu cosori premium pārtikas dehidrētājā.
6. Sagrieziet krekerus ar nazi.
7. Pārējās sastāvdaļas sajauc bļodā.
8. Apkaisiet maisījumu virs krekeriem.
9. Apstrādājiet 110 grādos f 24 stundas.
10. Uzglabāšanas ieteikumi: uzglabāt stikla burkā ar vāku līdz 5 dienām.

**Padoms:** pagatavojiet savas ķiploku un sīpolu pārslas.

**uzturs:** Kalorijas: 122 Tauki: 7,4 g Ogļhidrāti: 10,8 g Olbaltumvielas: 3,9 g.

# Zaļie krekeri

**Pagatavošanas laiks: 20 minūtes**
**Dehidratācijas laiks: 8 stundas**
**Porcijas: 4**
**Sastāvdaļas:**
- 1 glāze zaļās sulas mīkstuma
- ¼ glāzes maltu linsēklu
- ¼ glāzes čia sēklu
- ¼ glāzes uztura rauga
- 2 ēdamkarotes sezama sēklu
- 1 ēdamkarote tamari
- ½ tējkarotes sāls
- ¼ glāzes ūdens

**Virziens:**
1. Visas sastāvdaļas sajauc bļodā.
2. Pārnes uz virtuves kombainu.
3. Pulsējiet, līdz tas ir pilnībā apvienots.
4. Uzklājiet plānu maisījuma kārtu cosori premium pārtikas dehidratorā.
5. Vārtu krekeri.
6. Apstrādājiet 115 ° F temperatūrā 5 stundas.
7. Apgrieziet krekerus otrādi.
8. Žāvē vēl 3 stundas.
9. Uzglabāšanas ieteikumi: Uzglabāt atkārtoti noslēdzamā plastmasas maisiņā līdz 7 dienām.

**Padoms:** maisījuma slānim jābūt tikai 1/8 collu biezam.

**uzturs:** Kalorijas: 122 Tauki: 7,4 g Ogļhidrāti: 10,8 g Olbaltumvielas: 3,9 g.

# Jūras aļģu un tamari krekeri

**Pagatavošanas laiks: 15 minūtes**
**Dehidratācijas laiks: 24 stundas**
**Porcija: 15**
**Sastāvdaļas:**
- 1 glāze linu sēklu
- 2 nori lapas, salauztas
- 2 ēdamkarotes tamari
- 1 ½ glāzes ūdens

**Virziens:**
1. Visas sastāvdaļas sajauc bļodā.
2. Uzklājiet slāni Cosori premium pārtikas dehidratorā.
3. Iestatīt uz 110 grādiem f.
4. Apstrāde 24 stundas.
5. Salauž krekeros.
6. Uzglabāšanas ieteikumi: uzglabāt stikla burkā ar vāku līdz 5 dienām.

**Padoms:** iemērc linu sēklas ūdenī 1 stundu pirms apstrādes.

**uzturs:** Kalorijas: 122 Tauki: 7,4 g Ogļhidrāti: 10,8 g Olbaltumvielas: 3,9 g.

# Ķiploku cukini čipsi

**Pagatavošanas laiks: 15 minūtes**
**Dehidratācijas laiks: 4 stundas**
**Porcijas: 4**
**Sastāvdaļas:**
- 3 cukini sagriež plānos gredzenos
- 2 ēdamkarotes olīveļļas
- 2 ēdamkarotes sezama sēklu
- 2 ēdamkarotes kaltēta timiāna, sasmalcināta
- 2 ķiploka daiviņas, sarīvētas
- Pievienojiet sāli pēc garšas

**Virziens:**
1. Pārziež cukīni ar olīveļļu.
2. Apkaisa ar sezamu, timiānu, ķiploku un sāli.
3. Pievienojiet tos cosori premium pārtikas dehidratatoram.
4. Dehidrējiet 158 ° F temperatūrā 2 stundas.
5. Pagrieziet un žāvējiet vēl 2 stundas.
6. Uzglabāšanas ieteikumi: uzglabāt atkārtoti noslēdzamā plastmasas maisiņā.
7. **Padoms:** pirms žāvēšanas cukini apļus saspiež ar papīra dvieli, lai notīrītu lieko mitrumu.

**uzturs:** kalorijas 70, tauki 4, šķiedrvielas 4, ogļhidrāti 30, olbaltumvielas 2

# Bumbieru čipsi

**Pagatavošanas laiks: 10 minūtes**
**Dehidratācijas laiks: 6 stundas**
**Porcija: 10**
**Sastāvdaļas:**
- 10 bumbieri, iztīrīti no serdes un plānās šķēlēs

**Virziens:**
1. Sakārtojiet bumbieru šķēles cosori premium pārtikas dehidratorā.
2. Dehidrējiet 145 ° F temperatūrā 8 stundas.
3. Uzglabāšanas ieteikumi: uzglabāt noslēgtā pārtikas traukā līdz 7 dienām.

**Padoms:** pārliecinieties, ka bumbieru šķēles nepārklājas, lai tās būtu līdzenas.

**uzturs:** kalorijas 70, tauki 4, šķiedrvielas 4, ogļhidrāti 30, olbaltumvielas 2

# Banānu čipsi

**Pagatavošanas laiks: 15 minūtes**
**Dehidratācijas laiks: 12 stundas**
**Porcijas: 4**
**Sastāvdaļas:**
- 4 banāni, plānās šķēlēs
- 1 tējkarote citrona sulas

**Virziens:**
1. Banānu šķēles pārlej ar citrona sulu.
2. Pievienojiet tos cosori premium pārtikas dehidratatoram.
3. Apstrādājiet 135 grādos f 12 stundas.
4. Uzglabāšanas ieteikumi: uzglabāt vakuuma plastmasas iepakojumā līdz 3 mēnešiem.
5. **Padoms:** banāniem aplejot ar citronu sulu, tie neapbrūninās.

**uzturs:** kalorijas 70, tauki 4, šķiedrvielas 4, ogļhidrāti 30, olbaltumvielas 2

# Sezama un burkānu krekeri

**Pagatavošanas laiks: 45 minūtes**
**Dehidratācijas laiks: 24 stundas**
**Porcija: 15**
**Sastāvdaļas:**
- 1 ½ glāzes zeltainu linu sēklu
- ¼ glāzes sezama sēklu
- 2 tases burkānu mīkstuma
- 1 tējkarote ķiploku pulvera
- ½ tējkarotes malta koriandra
- 3 ēdamkarotes tamari
- 1 glāze ūdens

**Virziens:**
1. Linu sēklas samaļ garšvielu dzirnaviņās.
2. Pievienojiet bļodā ar atlikušajām sastāvdaļām.
3. Kārtīgi samaisa.
4. Ļaujiet tai nostāvēties 30 minūtes.
5. Izklājiet maisījumu cosori premium pārtikas dehidrētājā.
6. Apstrādājiet 110 grādos f 24 stundas.
7. Uzglabāšanas ieteikumi: uzglabāt hermētiskā burkā līdz 7 dienām.
8. **Padoms:** pagatavojiet savu ķiploku pulveri.

**uzturs:** Kalorijas: 122 Tauki: 7,4 g Ogļhidrāti: 10,8 g Olbaltumvielas: 3,9 g.

## Zemesriekstu sviesta un banānu krekeri

**Gatavošanas laiks:** 4 stundas un 20 minūtes
**Dehidratācijas laiks: 6 stundas**
**Porcija: 12**
**Sastāvdaļas:**
- 3 banāni, sagriezti
- ½ glāzes zemesriekstu sviesta
- ½ tējkarotes kaņēļa pulvera
- 1 glāze maltu zemesriekstu
- 3 glāzes Graham krekinga drupatas

**Virziens:**
1. Bļodā samaisiet banānus un zemesriekstu sviestu.
2. Sajauc pārējās sastāvdaļas.
3. Mīklu izrullē lielā bumbiņā.
4. Izlīdziniet bumbu, lai izveidotu garu taisnstūri.
5. Mīklu ietin vaska papīrā un liek ledusskapī uz 4 stundām.
6. Mīklu izrullē un sagriež.
7. Pievienojiet šķēles Cosori premium pārtikas dehidratētājam.
8. Apstrādājiet 145 grādos f 6 stundas.
9. Uzglabāšanas ieteikumi: uzglabāt stikla burkā ar vāku līdz 5 dienām.
10. **Padoms:** neizlaidiet mīklas atdzesēšanu pirms dehidratācijas procesa.

**uzturs:** Kalorijas: 178, tauki: 13,3 g, ogļhidrāti: 10,7 g, olbaltumvielas: 4,4 g

# Dārzeņi

## Kļavu burkānu salmiņi

**Pagatavošanas laiks: 15 minūtes**
**Dehidratācijas laiks: 6 stundas**
**Porcijas: 4**
**Sastāvdaļas:**
- 1 mārciņa Burkāni, sagriezti garās strēmelēs
- 1 ēdamkarote kļavu sīrupa
- 1 ēdamkarote olīveļļas
- Pievienojiet sāli pēc garšas

**Virziens:**
1. Visas sastāvdaļas sajauc bļodā.
2. Sakārtojiet sloksnes cosori premium pārtikas dehidrētājā.
3. Apstrādājiet 135 ° F temperatūrā 6 stundas.
4. Uzglabāšanas ieteikumi: uzglabāt pārtikas traukā.

**Padoms:** izmantojiet buljonu, lai nomizotu burkānus.

**uzturs:** Kalorijas 214 Tauki 3 g Ogļhidrāti 41,4 g Olbaltumvielas 4,3 g

# Dehidrēti sparģeļi

**Pagatavošanas laiks: 10 minūtes**
**Dehidratācijas laiks: 6 stundas**
**Porcijas: 2**
**Sastāvdaļas:**
- 4 glāzes sparģeļu, apgriezti un sagriezti

**Virziens:**
1. Sakārtojiet sparģeļus cosori premium pārtikas dehidrētājā.
2. Apstrādājiet 125 ° F temperatūrā 6 stundas.
3. Uzglabāšanas ieteikumi: uzglabāt atkārtoti noslēdzamā plastmasas maisiņā.

**Padoms:** sparģeļus varat arī garšot ar sāli vai ķiploku pulveri.

**uzturs:** Kalorijas 434 Tauki 39,4 g Ogļhidrāti 20,9 g Olbaltumvielas 5,8 g

# Rudens burkānu čipsi

**Pagatavošanas laiks: 15 minūtes**
**Dehidratācijas laiks: 6 stundas**
**Porcijas: 4**
**Sastāvdaļas:**
- 1 mārciņa burkānu, nomizoti
- 3 ēd.k. Izkausēta kokosriekstu eļļa
- ¾ tējk. Sol
- 2 tējk. Smaļie pipari (vai kanēļa, smaržīgo piparu vai muskatrieksta kombinācija)

**Virziens:**
1. Nomazgājiet, nosusiniet un sagrieziet burkānu viendabīgos gredzenos.
2. Sajauc burkānus, eļļu, sāli un smaržīgos piparus.
3. Novietojiet burkānus žāvēšanas paplātēs un žāvējiet 6-6 stundas 125 grādos vai līdz tie kļūst kraukšķīgi.

**uzturs:** Kalorijas: 11, nātrijs: 337 mg, diētiskās šķiedras: 0,7 g, kopējais tauku saturs: 0 g, kopējais ogļhidrātu daudzums: 2,7 g, olbaltumvielas: 0,2 g.

## Saldo kartupeļu čipsi ar garšvielām

**Pagatavošanas laiks: 15 minūtes**
**Dehidratācijas laiks: 6 stundas**
**Porcijas: 4**
**Sastāvdaļas:**
- 3 vidēji līdz lieli saldie kartupeļi
- 4 ēd.k. Olīvju eļļa
- 2 ēd.k. Svaiga citronu sula
- 2 tējk. Žāvēts timiāns
- 1 ½ tējk. Sol
- ¼ tējk. Pipari

**Virziens:**
1. Saldo kartupeli sagriež plānās, vienmērīgās šķēlēs.
2. Bļodā sajauc saldo kartupeļu šķēles, eļļu, citronu sulu, timiānu, sāli un piparus. Mētājiet, līdz tas ir labi pārklāts.
3. Novietojiet šķēles uz dehidratora paplātēm.
4. Iestatiet temperatūru uz 140 grādiem. Dehidrējiet 6-6 stundas vai līdz kraukšķīgai pieskārienam.

**uzturs:** Kalorijas: 35, nātrijs: 721 mg, diētiskās šķiedras: 1,9 g, kopējais tauku saturs: 0,2 g, kopējais ogļhidrātu daudzums: 8,3 g, olbaltumvielas: 0,6 g.

# Žāvēts ziedkāpostu popkorns

**Pagatavošanas laiks: 15 minūtes**
**Dehidratācijas laiks: 8 stundas**
**Pasniegšana: 1**
**Sastāvdaļas:**
- 2 glāzes ziedkāpostu ziedu
- 4 karotes asas mērces
- 3 ēdamkarotes kokosriekstu eļļas
- 1 tējkarote kūpinātas kajēnas
- ½ tējkarotes maltas ķimenes
- 1 karote paprikas

**Virziens:**
1. Ielejiet ziedkāpostu ziedus karstajā mērcē un kokosriekstu eļļā.
2. Pārkaisa ar kūpinātu kajēnu, ķimenēm un papriku.
3. Pievienojiet garšvielu ziedkāpostu Cosori premium pārtikas dehidratētājam.
4. Žāvējiet 130 ° F temperatūrā 8 stundas.
5. Uzglabāšanas ieteikumi: uzglabāt hermētiskā plastmasas maisiņā.

**Padoms:** pievienojiet vēl kajēnas piparus, lai iegūtu pikantāku ziedkāpostu popkornu.

**uzturs:** Kalorijas: 9, nātrijs: 0 mg, šķiedrvielas: 0 g, kopējais tauku saturs: 0 g, kopējais ogļhidrātu daudzums: 2,1 g, olbaltumvielas: 0,2 g.

# Cukini Bites

**Pagatavošanas laiks: 45 minūtes**
**Dehidratācijas laiks: 12 stundas**
**Porcijas: 4**
**Sastāvdaļas:**
- 8 cukini, sagriezti gredzenos un izņemtas sēklas
- 1 glāze vīnogu sulas koncentrāta
- 1 glāze ūdens

**Virziens:**
1. Visas sastāvdaļas pievieno katliņā uz vidējas uguns.
2. Ļaujiet tai vārīties.
3. Samaziniet siltumu un vāriet 30 minūtes.
4. Kabačus nokāš un ļauj atdzist.
5. Pievienojiet cukini Cosori premium pārtikas dehidratētājam.
6. Apstrādājiet 135 grādos f 12 stundas.
7. Uzglabāšanas ieteikumi: uzglabāt ledusskapī līdz 1 nedēļai.

**Padoms:** nepārcep cukīni.

**uzturs:** Kalorijas: 9, nātrijs: 0 mg, šķiedrvielas: 0 g, kopējais tauku saturs: 0 g, kopējais ogļhidrātu daudzums: 2,1 g, olbaltumvielas: 0,2 g.

# Gurķu čipsi

**Pagatavošanas laiks: 15 minūtes**
**Dehidratācijas laiks: 6 stundas**
**Porcijas: 4**
**Sastāvdaļas:**
- 3 gurķi, sagriezti gredzenos
- 1 ēdamkarote avokado eļļas
- 2 tējkarotes ābolu sidra etiķa
- Pievienojiet sāli pēc garšas

**Virziens:**
1. Ielieciet gurķu šķēles avokado eļļā un etiķī.
2. Garšojiet ar sāli.
3. Pievienojiet gurķu šķēles Cosori premium pārtikas dehidratētājam.
4. Dehidrējiet 135 ° F temperatūrā 6 stundas.
5. Uzglabāšanas ieteikumi: uzglabāt hermētiskā traukā.
6. **Padoms:** varat izmantot mandolīnas griezēju, lai plānās šķēlēs sagrieztu gurķus. Pirms apstrādes nosusiniet gurķu šķēles ar papīra dvieli.

**uzturs:** Kalorijas: 9, nātrijs: 0 mg, šķiedrvielas: 0 g, kopējais tauku saturs: 0 g, kopējais ogļhidrātu daudzums: 2,1 g, olbaltumvielas: 0,2 g.

# Dehidrēta okra

**Pagatavošanas laiks: 15 minūtes**
**Dehidratācijas laiks: 12 stundas**
**Porcijas: 4**
**Sastāvdaļas:**
- 12 okra, sagrieztas

**Virziens:**
1. Pievienojiet okra Cosori premium pārtikas dehidratētājam.
2. Žāvējiet 130 ° F temperatūrā 12 stundas.
3. Uzglabāšanas ieteikumi: uzglabāt hermētiskā traukā.

**Padoms:** apkaisa ar pulverveida garšaugiem vai garšvielām, lai iegūtu papildu garšu.

**uzturs:** kalorijas 70, tauki 4, šķiedrvielas 4, ogļhidrāti 30, olbaltumvielas 2

# Žāvēti saldie kartupeļi

**Pagatavošanas laiks: 10 minūtes**
**Dehidratācijas laiks: 12 stundas**
**Porcijas: 4**
**Sastāvdaļas:**
- 2 saldie kartupeļi
- 1 tējkarote sīpolu pulvera

**Virziens:**
1. Garšojiet saldo kartupeļu šķēles ar sīpolu pulveri.
2. Sakārtojiet vienā kārtā cosori premium pārtikas dehidrētājā.
3. Noregulēts uz 115 grādiem f.
4. Apstrādājiet 12 stundas.
5. Uzglabāšanas ieteikumi: uzglabāt atkārtoti noslēdzamā plastmasas maisiņā.

**Padoms:** saldo kartupeļu pagatavošanai izmantojiet mandolīnas griezēju.

**uzturs:** kalorijas 70, tauki 4, šķiedrvielas 4, ogļhidrāti 30, olbaltumvielas 2

# Dehidrēti rāceņi

**Pagatavošanas laiks: 20 minūtes**
**Dehidratācijas laiks: 12 stundas**
**Porcijas: 4**
**Sastāvdaļas:**
- 3 bietes, plānās šķēlēs
- ¼ glāzes ūdens
- ¼ glāzes etiķa
- 1 ēdamkarote olīveļļas
- Pievienojiet sāli pēc garšas

**Virziens:**
1. Visas sastāvdaļas sajauc bļodā.
2. Marinējiet 10 minūtes.
3. Sakārtojiet biešu šķēles cosori premium pārtikas dehidratorā.
4. Dehidrējiet 135 ° F temperatūrā 12 stundas.
5. Uzglabāšanas ieteikumi: uzglabāt atkārtoti noslēdzamā plastmasas maisiņā.

**Padoms:** izmantojiet mandolīnas griezēju, lai plānās šķēlēs sagrieztu bietes.

**uzturs:** kalorijas 70, tauki 4, šķiedrvielas 4, ogļhidrāti 30, olbaltumvielas 2

# Dehidrēti tomāti

**Pagatavošanas laiks: 20 minūtes**
**Dehidratācijas laiks: 8 stundas**
**Porcijas: 2**
**Sastāvdaļas:**
- 2 tomāti, sagriezti ceturtdaļās
- Pievienojiet sāli pēc garšas

**Virziens:**
1. Pievienojiet tomātus Cosori premium pārtikas dehidrētājam.
2. Pārkaisa ar sāli.
3. Iestatīt uz 135 grādiem f.
4. Apstrāde 8 stundas.
5. Uzglabāšanas ieteikumi: uzglabāt atkārtoti noslēdzamā plastmasas maisiņā. Izspiediet gaisu. Uzglabāt līdz 2 mēnešiem vēsā un sausā vietā.
6. Sasaldēt un uzglabāt līdz 6 mēnešiem.

**Padoms:** neaizmirstiet nokasīt sēklas pirms žāvēšanas.

**uzturs:** Kalorijas 250 Tauki 7,6 g Ogļhidrāti 41,8 g Olbaltumvielas 4,5 g

# Pikanti gurķi

**Pagatavošanas laiks: 20 stundas**
**Dehidratācijas laiks: 4 stundas**
**Porcijas: 2**
**Sastāvdaļas:**
- 2 gurķi, sagriezti gredzenos
- 2 tējkarotes olīveļļas
- 2 tējkarotes etiķa
- 1 karote paprikas
- 2 tējkarotes sīpolu pulvera
- 2 tējkarotes ķiploku pulvera
- 2 tējkarotes cukura
- Paņemiet čili pulveri

**Virziens:**
1. Ielejiet gurķus eļļā un etiķī.
2. Pārkaisa ar cukuru un garšvielām.
3. Ievietojiet gurķu šķēles Cosori premium pārtikas žāvētājā.
4. Apstrādājiet 135 ° F temperatūrā 6 stundas.
5. Uzglabāšanas ieteikumi: uzglabāt hermētiskā traukā.

**Padoms:** dehidrējiet ilgāk, ja vēlaties, lai jūsu gurķis būtu kraukšķīgs.

**uzturs:** Kalorijas 250 Tauki 7,6 g Ogļhidrāti 41,8 g Olbaltumvielas 4,5 g

# Dehidrēta kukurūza

**Pagatavošanas laiks: 10 minūtes**
**Dehidratācijas laiks: 12 stundas**
**Porcijas: 4**
**Sastāvdaļas:**
- 8 glāzes kukurūzas graudu

**Virziens:**
1. Sakārtojiet kukurūzas graudus cosori premium pārtikas dehidratorā.
2. Apstrādājiet 125 ° F temperatūrā 12 stundas.
3. Uzglabāšanas ieteikumi: uzglabāt stikla burkā ar vāku.

**Padoms:** Jūs varat arī apliet kukurūzas graudus ar olīveļļu pirms dehidratācijas.

**uzturs:** Kalorijas 214 Tauki 3 g Ogļhidrāti 41,4 g Olbaltumvielas 4,3 g

# Karsti un pikanti kartupeļu standziņas

**Pagatavošanas laiks:** 15 minūtes
**Dehidratācijas laiks:** 6 stundas
**Porcijas:** 4
**Sastāvdaļas:**
- 2 lieli Aidaho kartupeļi, nomizoti un sagriezti kartupeļos
- 3-4 tējk. Olīvju eļļa
- ½ tējk. Ķimenes
- ¼ tējk. Melnie pipari
- ¼ tējk. Kajēnas pipari (vai vairāk, lai palielinātu asumu)
- Pieskāriens asās piparu mērces
- Pievienojiet sāli pēc garšas

**Virziens:**
1. Kartupeļus blanšē katlā ar verdošu ūdeni 4-6 minūtes.
2. Pārvietojiet kartupeļus bļodā ar ledus ūdeni.
3. Sajauc kartupeļus, olīveļļu, ķimenes, abus piparus un aso piparu mērci.
4. Novietojiet kartupeļus uz žāvēšanas paplātēm.
5. Iestatiet dehidratatoru uz 135 grādiem un dehidrējiet 8-6 stundas.

**uzturs:** Kalorijas: 5, nātrijs: 1 mg, šķiedrvielas: 0 g, kopējais tauku saturs: 0,1 g, kopējais ogļhidrātu daudzums: 1 g, olbaltumvielas: 0,1 g.

# Indijas ziedkāposti

**Pagatavošanas laiks: 15 minūtes**
**Dehidratācijas laiks: 6 stundas**
**Porcijas: 4**
**Sastāvdaļas:**
- 2 galviņas ziedkāpostu, sagrieztas kumosa lieluma gabaliņos
- ¼ glāzes sojas mērces ar zemu nātrija saturu
- 1/8 tase medus
- 1 tējk. karija pulveris
- 1 tējk. Kurkuma

**Virziens:**
1. Bļodā sajauc visas sastāvdaļas, izņemot ziedkāpostu. Sakuļ, lai tajā iekļautu medu. Pievienojiet ziedkāpostu un labi samaisiet, lai dārzeņi būtu labi pārklāti.
2. Novietojiet ziedkāpostu gabalus uz dehidratora loksnēm un vienu stundu dehidrējiet 140 grādos. Samaziniet siltumu un dehidrējiet 110 grādos vēl 6 stundas vai līdz kraukšķīgai.

**uzturs:** Kalorijas: 20, nātrijs: 8 mg, diētiskās šķiedras: 0,9 g, kopējais tauku saturs: 0,2 g, kopējais ogļhidrātu daudzums: 4,7 g, olbaltumvielas: 0,6 g.

# Citronu piparu dzeltenais apaļš cukini

**Pagatavošanas laiks: 15 minūtes**
**Dehidratācijas laiks: 6 stundas**
**Porcijas: 4**
**Sastāvdaļas:**
- 2 lieli dzeltenie kabači, sagriezti 1/8 collu biezās kārtās
- 3-4 tējk. Olīvju eļļa
- 1 ēd.k. Citronu sula
- ½ tējk. Citronu piparu garšviela
- Pievienojiet sāli pēc garšas

**Virziens:**
1. Pārlej ar olīveļļu cukini šķēles, līdz tās ir labi pārklātas. Pievienojiet citrona sulu, citronpiparu garšvielas un sāli un labi samaisiet visas sastāvdaļas.
2. Izklājiet cukīni uz dehidratora paplātēm.
3. Iestatiet dehidratatoru uz 135 grādiem un dehidrējiet 10-12 stundas. Pusceļā apgrieziet katru mikroshēmu, lai novērstu pielipšanu.

**uzturs:**Kalorijas: 5, nātrijs: 3 mg, šķiedrvielas: 0 g, kopējais tauku saturs: 0,1 g, kopējais ogļhidrātu daudzums: 0,9 g, olbaltumvielas: 0,3 g.

# Kūpināti čipsi

**Pagatavošanas laiks: 15 minūtes**
**Dehidratācijas laiks: 6 stundas**
**Porcijas: 4**
**Sastāvdaļas:**
- 1 ķekars zaļumu, nomazgātas un rupji saplēstas lapas
- 3 ēd.k. Olīvju eļļa
- ½ tējk. Kūpināta paprika
- ½ tējk. Jūras sāls
- ¼ tējk. Pipari

**Virziens:**
1. Bļodā iemetiet zaļumus, olīveļļu un garšvielas.
2. Novietojiet zaļumus uz žāvēšanas paplātes.
3. Iestatiet temperatūru uz 140 grādiem. Dehidrējiet 2-4 stundas vai līdz kraukšķīgai.

**uzturs:** Kalorijas: 16, nātrijs: 262 mg, diētiskās šķiedras: 0,7 g, kopējais tauku saturs: 0,1 g, kopējais ogļhidrātu daudzums: 3,4 g, olbaltumvielas: 0,9 g.

# Kūpināti saldo kartupeļu čipsi

**Pagatavošanas laiks: 15 minūtes**
**Dehidratācijas laiks: 6 stundas**
**Porcijas: 4**
**Sastāvdaļas:**
- 3 lieli saldie kartupeļi, nomazgāti un sagriezti ļoti plānās šķēlēs
- 2 tējk. Olīvju eļļa
- 1 ½ tējk. Kūpināta paprika
- Jūras sāls pēc garšas

**Virziens:**
1. Kartupeļus blanšē katlā ar verdošu ūdeni 4-6 minūtes.
2. Pārvietojiet kartupeļus bļodā ar ledus ūdeni.
3. Sajauc sagrieztos kartupeļus, olīveļļu, kūpinātu papriku un sāli.
4. Novietojiet kartupeļus uz žāvēšanas paplātēm.
5. Iestatiet dehidratatoru uz 135 grādiem un dehidrējiet 8-6 stundas vai līdz kraukšķīgai.

**uzturs:** Kalorijas: 37, nātrijs: 3 mg, šķiedrvielas: 1,8 g, kopējais tauku saturs: 0,3 g, kopējais ogļhidrātu daudzums: 8,5 g, olbaltumvielas: 0,7 g.

# Spinātu bumbiņas

**Pagatavošanas laiks: 15 minūtes**
**Dehidratācijas laiks: 6 stundas**
**Porcijas: 4**
**Sastāvdaļas:**
3 glāzes Indijas riekstu

- 3 glāzes blanšētu spinātu
- 4 ēd.k. Olīvju eļļa
- ¼ glāzes dehidrētu sīpolu pārslu
- 3 ķiploka daiviņas
- ¼ tējk. Muskatrieksts
- Šķipsniņa kajēnas piparu

**Virziens:**
1. Apstrādājiet Indijas riekstus, līdz tie ir smalki samalti. Pievienojiet visas atlikušās sastāvdaļas un dažas reizes pulsējiet, līdz tās ir labi apvienotas un izveidojas pasta.
2. Ielej maisījumu bļodā un veido nelielas kumosa izmēra bumbiņas.
3. Novietojiet spinātu bumbiņas uz žāvēšanas loksnēm un dehidrējiet 120 grādos 5 stundas.

**uzturs:** Kalorijas: 137, nātrijs: 7 mg, diētiskās šķiedras: 0,9 g, kopējais tauku saturs: 10,5 g, kopējais ogļhidrātu daudzums: 9,2 g, olbaltumvielas: 3,7 g.

# Skāba krējuma un sīpolu čipsi

**Pagatavošanas laiks: 15 minūtes**
**Dehidratācijas laiks: 6 stundas**
**Porcijas: 4**
**Sastāvdaļas:**
- 2 lieli sarkanie kartupeļi, nomazgāti, nomizoti un sagriezti kubiņos
- ½ glāzes skābā krējuma
- 1 ½ glāzes ūdens
- 1 ēd.k. Sīpolu pulveris
- 1 ēd.k. malto sīpolu
- 1 ēd.k. Žāvēti pētersīļi
- 1 ½ tējk. Sol
- ½ tējk. Melnie pipari

**Virziens:**
1. Vāra kartupeļus katlā ar verdošu ūdeni, līdz tie ir mīksti.
2. Kad kartupeļi gatavi, nokāš un liek bļodā ar pārējām sastāvdaļām.
3. Izmantojiet iegremdējamo blenderi, lai izveidotu gludu pastu.
4. Izmantojiet lāpstiņu, lai izlīdzinātu pastu uz dehidratora loksnēm diezgan plānā kārtā.
5. Iestatiet dehidratatoru uz 145 grādiem. Ievietojiet traukus dehidratatorā uz 4-6 stundām. Pagrieziet un atgriezieties dehidratatorā vairākas stundas, kopā 9-6 stundas.
6. Kad tas atdzisis, sadaliet to mazākos gabaliņos.

**uzturs:** Kalorijas: 40, nātrijs: 505 mg, diētiskās šķiedras: 0,6 g, kopējais tauku saturs: 2,2 g, kopējais ogļhidrātu daudzums: 4,7 g, olbaltumvielas: 0,9 g.

# Dienvidrietumu stila ziedkāpostu popkorns

**Pagatavošanas laiks: 15 minūtes**
**Dehidratācijas laiks: 6 stundas**
**Porcijas: 4**
**Sastāvdaļas:**
- 1 galviņa ziedkāpostu, sagriezta kumosa lieluma gabaliņos
- 1 tējk. Paprika
- 1 tējk. Oregano
- 1 tējk. Koriandrs
- 1 tējk. Ķimenes
- ¼ tējk. Sīpolu pulveris
- ¼ tējk. Ķiploku pulveris
- 1/8 – ¼ tējk. Kajennas pipars
- ½ tējk. Sol
- 3 ēd.k. Olīvju eļļa

**Virziens:**
1. Bļodā sajauc visas garšvielas un olīveļļu. Pievienojiet ziedkāpostu un samaisiet, lai pārklātu visus ziedus.
2. Novietojiet ziedkāpostu gabalus uz dehidratora loksnēm un vienu stundu dehidrējiet 140 grādos. Samaziniet siltumu un dehidrējiet 110 grādos vēl 6 stundas vai līdz kraukšķīgai.

**uzturs:** Kalorijas: 17, nātrijs: 212 mg, diētiskās šķiedras: 1,6 g, kopējais tauku saturs: 0,5 g, kopējais ogļhidrātu daudzums: 3,1 g, olbaltumvielas: 1 g.

# Marinēti baklažāni

**Pagatavošanas laiks: 15 minūtes**
**Dehidratācijas laiks: 6 stundas**
**Porcijas: 4**
**Sastāvdaļas:**
- 1 baklažāns, nomizots vai nemizots
- ¼ glāzes olīveļļas
- 4 ēd.k. Balzāmetiķis
- 2 ēd.k. kļavu sīrups
- ½ tējk. Sriracha mērce
- Pievienojiet sāli un piparus pēc garšas

**Virziens:**
1. Sagrieziet baklažānu garās, vienmērīgās sloksnēs.
2. Bļodā sajauciet eļļu, etiķi, kļavu sīrupu un srircaha mērci ar baklažāniem. Apkaisa ar sāli un pipariem pēc garšas. Atstājiet ledusskapī vismaz 2 stundas.
3. Ievietojiet baklažānus dehidratora pannās un dehidrējiet 12-18 stundas 115 grādu temperatūrā.

**uzturs:** Kalorijas: 17, nātrijs: 7 mg, šķiedrvielas: 0,8 g, kopējais tauku saturs: 0,1 g, kopējais ogļhidrātu daudzums: 4,3 g, olbaltumvielas: 0,2 g.

# Vidusjūras stila kaltēti tomāti

**Pagatavošanas laiks: 15 minūtes**
**Dehidratācijas laiks: 6 stundas**
**Porcijas: 4**
**Sastāvdaļas:**
- 4 lieli, stingri, nogatavojušies tomāti
- 1 ½ tējk. Žāvētu garšaugu maisījums, piemēram, oregano, timiāns un baziliks
- ½ tējk. Jūras sāls

**Virziens:**
1. Nomazgājiet tomātus un nogrieziet to galotnes. Tomātus nedrīkst mizot un izsēt. Sagrieziet tomātus ¼ collu biezās šķēlēs.
2. Apkaisiet tomātus ar zaļumiem un sāli un ievietojiet žāvēšanas paplātēs.
3. Iestatiet dehidratatoru uz 145 grādiem un dehidrējiet 8-6 stundas vai līdz āda kļūst āda.

**uzturs:** Kalorijas: 5, nātrijs: 325 mg, diētiskās šķiedras: 0 g, kopējais tauku saturs: 0,1 g, kopējais ogļhidrātu daudzums: 1,1 g, olbaltumvielas: 0,2 g.

# Marokas burkāni

**Pagatavošanas laiks: 15 minūtes**
**Dehidratācijas laiks: 6 stundas**
**Porcijas: 4**
**Sastāvdaļas:**
- 1 mārciņa burkānu, nomizoti
- 4 ēd.k. Olīvju eļļa
- 1 ēd.k. Mīļā
- 1/8 tējk. Kajennas pipars
- 2 tējk. Ķimenes
- 1 tējk. Žāvētas pētersīļu pārslas
- ½ tējk. Sol

**Virziens:**
1. Nomazgājiet, nosusiniet un smalki sagrieziet burkānu.
2. Sajauc eļļu, medu un garšvielas.
3. Novietojiet burkānus uz žāvēšanas paplātēm. Izmantojot konditorejas otu, uzklājiet maisījumu uz burkānu apļiem.
4. Dehidrējiet 6-6 stundas 125 grādos vai līdz kraukšķīgai.

**uzturs:** Kalorijas: 26, nātrijs: 262 mg, diētiskās šķiedras: 0,7 g, kopējais tauku saturs: 0,3 g, kopējais ogļhidrātu daudzums: 6 g, olbaltumvielas: 0,5 g

# Gurķu parmezāna čipsi

**Pagatavošanas laiks: 15 minūtes**
**Dehidratācijas laiks: 6 stundas**
**Porcijas: 4**
**Sastāvdaļas:**
- 5 glāzes gurķu šķēles, plānās šķēlēs sagrieztas ar mandolīnu
- 2 ēd.k. Olīvju eļļa
- ½ tējk. Sol
- ¼ tējk. Melnie pipari
- ½ tējk. Žāvētas pētersīļu pārslas
- ½ glāzes svaigi rīvēta parmezāna siera

**Virziens:**
1. Bļodā sajauc sāli, piparus, pētersīļu pārslas un parmezāna sieru. Sagrieztos gurķus pārlej ar olīveļļu un sajauc ar garšvielu un siera maisījumu. Labi pārklājiet šķēles.
2. Novietojiet šķēles uz dehidratora loksnēm un dehidrējiet 8-6 stundas 135 grādos.

**uzturs:** Kalorijas: 39, nātrijs: 220 mg, diētiskās šķiedras: 0 g, kopējais tauku saturs: 2,4 g, kopējais ogļhidrātu daudzums: 1,1 g, olbaltumvielas: 3,7 g.

# Briseles kāpostu rančo

**Pagatavošanas laiks: 15 minūtes**
**Dehidratācijas laiks: 6 stundas**
**Porcijas: 4**
**Sastāvdaļas:**
- 4 glāzes Briseles kāpostu, rupji sakapātu, stīgu centru izmesti
- 1 glāze paniņas
- 1 tējk. Sinepes
- 3 ēd.k. Eļļa
- ½ tējk. Sol
- 1 tējk. Sīpolu pulveris
- 1 tējk. Maltas ķiploku pārslas
- 1 tējk. Žāvētas dilles
- 1 tējk. Žāvēti pētersīļi
- 1 tējk. Selerijas sāls

**Virziens:**
1. Bļodā liek sagrieztus Briseles kāpostus. Citā mazā bļodiņā sajauciet garšvielas.
2. Sakuļ paniņas, sinepes un eļļu. Pārlej Briseles kāpostus.
3. Izsmidziniet dehidratora bļodu ar nepiedegošu aerosolu un novietojiet Briseles kāpostus uz cepešpannas. Pārkaisa ar garšvielām. Iestatiet dehidratatoru uz 110 grādiem un dehidrējiet 8-6 stundas.

**uzturs:** Kalorijas: 16, nātrijs: 104 mg, diētiskās šķiedras: 0,8 g, kopējais tauku saturs: 0,2 g, kopējais ogļhidrātu daudzums: 3 g, olbaltumvielas: 1,1 g.

# Sakņu dārzeņu maisījums

**Pagatavošanas laiks: 15 minūtes**
**Dehidratācijas laiks: 6 stundas**
**Porcijas: 4**
**Sastāvdaļas:**
- 2 vidējas bietes
- 1 saldais kartupelis
- 2 vidēji pastinaki
- 1 vidēja selerijas sakne
- 3 ēd.k. Olīvju eļļa
- 1 ½ tējk. Sol
- 1 tējk. Ķiploku pulveris
- ½ tējk. Oregano
- Šķipsniņa melno piparu

**Virziens:**
1. Dārzeņus nomazgā, nomizo un sagriež pēc iespējas plānāk, vēlams ar mandolīnu.
2. Ielieciet dārzeņus bļodā. Sajauc olīveļļu ar garšvielām un pārlej dārzeņiem. Mest uz mēteli.
3. Sakārtojiet dārzeņus uz paplātēm, izmantojot dažādas pannas dažādiem dārzeņiem. Dehidrējiet 105 grādos vismaz 8 stundas.

**uzturs:** Kalorijas: 48, nātrijs: 737 mg, diētiskās šķiedras: 2,1 g, kopējais tauku saturs: 0,2 g, kopējais ogļhidrātu daudzums: 11 g, olbaltumvielas: 1,3 g.

# Cukini čipsi ar sāli un pipariem

**Pagatavošanas laiks: 15 minūtes**
**Dehidratācijas laiks: 6 stundas**
**Porcijas: 4**
**Sastāvdaļas:**
- 2 lieli zaļi cukini, sagriezti 1/8 collu biezās kārtās
- 3-4 tējk. Olīvju eļļa
- 1 ēd.k. + 1 tējkarote. Etiķis
- Sāls un pipari pēc garšas

**Virziens:**
1. Pārlej ar olīveļļu cukini šķēles, līdz tās ir labi pārklātas. Pievienojiet etiķi, sāli un piparus un samaisiet.
2. Izklājiet cukīni uz dehidratora loksnes.
3. Iestatiet dehidratatoru uz 135 grādiem un dehidrējiet 10-12 stundas. Pusceļā apgrieziet katru mikroshēmu, lai novērstu pielipšanu.

**uzturs:** Kalorijas: 7, nātrijs: 338 mg, diētiskās šķiedras: 0 g, kopējais tauku saturs: 0 g, kopējais ogļhidrātu daudzums: 1,8 g, olbaltumvielas: 0,2 g.

# Sāls un etiķis Gurķu čipsi

**Pagatavošanas laiks: 15 minūtes**
**Dehidratācijas laiks: 6 stundas**
**Porcijas: 4**
**Sastāvdaļas:**
- 2 lieli gurķi, nomizoti un smalki sagriezti
- 2 tējk. Etiķis
- 1 tējk. Svaiga citronu sula
- ½ tējk. Košera sāls
- ½ tējk. Cukurs

**Virziens:**
1. Bļodā sakuļ etiķi, citronu sulu, sāli un cukuru. Pievieno gurķus un pārlej ar mērci.
2. Novietojiet gurķu šķēles uz žāvēšanas paplātes un dehidrējiet 4-6 stundas 135 grādos.

**uzturs:** Kalorijas: 6, nātrijs: 0 mg, šķiedrvielas: 0,6 g, kopējais tauku saturs: 0 g, kopējais ogļhidrātu daudzums: 1,2 g, olbaltumvielas: 0,3 g.

# Saldie kāpostu čipsi

**Pagatavošanas laiks: 15 minūtes**
**Dehidratācijas laiks: 6 stundas**
**Porcijas: 4**
**Sastāvdaļas:**
- 1 ķekars cirtaini kāposti, nomazgāti, noņemti izturīgi kāti un rupji saplēstas lapas
- ½ glāzes priežu riekstu
- 1/8-1/4 tase baltā cukura
- ½ ēd.k. Kanēlis
- 1/3 tase ūdens
- 1/8 tase ābolu sidra etiķa

**Virziens:**
1. Ievietojiet ciedru riekstus, cukuru un kanēli virtuves kombainā.
2. Apvienojiet ūdeni un etiķi un lēnām pievienojiet virtuves kombainā.
3. Pārlejiet maisījumu pār kāpostiem un samaisiet, līdz tie ir pārklāti.
4. Liek pannās dehidratācijai uz 2-4 stundām 140 grādos.

**uzturs:** Kalorijas: 108, nātrijs: 5 mg, diētiskās šķiedras: 1,3 g, kopējais tauku daudzums: 7,9 g, kopējais ogļhidrātu daudzums: 9,4 g, olbaltumvielas: 1,9 g.

## Saldās un sāļās apaļās bietes

**Pagatavošanas laiks: 15 minūtes**
**Dehidratācijas laiks: 6 stundas**
**Porcijas: 4**
**Sastāvdaļas:**
- 4 lielas bietes, mazgātas
- 2 ēd.k. Olīvju eļļa
- 1 tējk. Svaigs rozmarīns, smalki sagriezts
- ½ tējk. Jūras sāls
- ¼ tējk. Pipari

**Virziens:**
1. Nogriež bietēm galotnes. Sagrieziet bietes apmēram 1/8-1/4 collas platas. Ja iespējams, izmantojiet mandolīnu.
2. Bļodā sajauciet bietes, olīveļļu, rozmarīnu, sāli un piparus, līdz tie ir vienmērīgi pārklāti.
3. Iestatiet dehidratatoru uz 145 grādiem. Ievietojiet pannas dehidratatorā uz 10-12 stundām.

**uzturs:**Kalorijas: 21, nātrijs: 539 mg, diētiskās šķiedras: 1,9 g, kopējais tauku saturs: 0,5 g, kopējais ogļhidrātu daudzums: 4,6 g, olbaltumvielas: 0,6 g.

# Tex-Mex zaļās pupiņas

**Pagatavošanas laiks: 15 minūtes**
**Dehidratācijas laiks: 6 stundas**
**Porcijas: 4**

**Sastāvdaļas:**
- 5 mārciņas zaļo pupiņu
- 1/3 tase kausētas kokosriekstu eļļas
- 1 tējk. Čili pulveris
- 1 tējk. Ķimenes
- ½ tējk. Katra paprika, sīpolu pulveris, ķiploku pulveris, sāls un pipari

**Virziens:**
1. Dažas minūtes blanšējiet pākstis verdošā ūdenī. Sausās pupiņas.
2. Mikroviļņu krāsnī izkausē kokosriekstu eļļu. Bļodā sajauc eļļu un garšvielas.
3. Ielejiet zaļās pupiņas eļļas maisījumā.
4. Ielieciet pākstis dehidratatorā un žāvējiet 8-6 stundas 125 grādu temperatūrā.

**uzturs:** Kalorijas: 12, nātrijs: 7 mg, diētiskās šķiedras: 1,1 g, kopējais tauku saturs: 0,2 g, kopējais ogļhidrātu daudzums: 2,4 g, olbaltumvielas: 0,6 g.

# Vegānu brokoļu čipsi

**Pagatavošanas laiks: 15 minūtes**
**Dehidratācijas laiks: 6 stundas**
**Porcijas: 4**
**Sastāvdaļas:**
- 2 galviņas brokoļu, nomazgātas un sagrieztas kumosa lieluma ziediņos
- ½ glāzes Indijas riekstu, mērcēti vismaz 1 stundu un nosusināti
- 4 ēd.k. Uztura raugs
- 1 tējk. karija pulveris
- ½ tējk. Sarkano piparu pārslas

**Virziens:**
1. Virtuves kombainā sajauciet Indijas riekstus, uztura raugu un garšvielas. Pievienojiet ūdeni, lai iegūtu vienmērīgu tekstūru. Rieksti ir pilnībā jāsajauc.
2. Ielejiet mērci bļodā un pievienojiet brokoļus. Vienmērīgi izklājiet pa ziediem.
3. Novietojiet ziedus uz dehidratora un dehidrējiet 110 grādos 18 stundas.

**uzturs:** Kalorijas: 104, nātrijs: 8 mg, diētiskās šķiedras: 2,3 g, kopējais tauku saturs: 6,8 g, kopējais ogļhidrātu daudzums: 8 g, olbaltumvielas: 5,1 g.

# Pielikumi

## Kabaču čipsi

**Pagatavošanas laiks: 15 minūtes**
**Dehidratācijas laiks: 12 stundas**
**Porcijas lielums: 8**
**Sastāvdaļas:**
- 4 glāzes cukini, plānās šķēlēs
- 2 ēd.k. Balzāmetiķis
- 2 ēd.k. Olīvju eļļa
- 2 tējk. Jūras sāls

**Virziens:**
1. Lielā bļodā pievienojiet olīveļļu, balzamiko etiķi un jūras sāli un labi samaisiet.
2. Pievienojiet bļodā sagrieztu cukīni un labi samaisiet.
3. Sakārtojiet cukini šķēles uz žāvēšanas paplātēm un dehidrējiet 135 f/58 c temperatūrā 8–12 stundas.
4. Uzglabāt hermētiskā traukā.

**uzturs:** kalorijas: 40 tauki: 3,6 g proteīna: 0,7 g ogļhidrātu: 1,9 g

# Baklažānu šķēles

**Pagatavošanas laiks: 10 minūtes**
**Dehidratācijas laiks: 4 stundas**
**Porcijas: 4**
**Sastāvdaļas:**
- 1 vidējs baklažāns, sagriezts ¼ collu biezās šķēlēs
- ¼ tējk. Sīpolu pulveris
- ¼ tējk. Ķiploku pulveris
- 1 ½ tējk. Paprika

**Instrukcijas:**
1. Pievienojiet visas sastāvdaļas maisīšanas traukā un labi samaisiet.
2. Sakārtojiet baklažānu šķēles uz žāvēšanas paplātēm un dehidrējiet 145 f/63 c 4 stundas vai līdz tās ir kraukšķīgas.
3. Uzglabāt hermētiskā traukā.

**uzturs:** kalorijas: 32 tauki: 0,3 g proteīna: 1,3 g ogļhidrātu: 7,4 g

# Garšīgi cukini čipsi

**Pagatavošanas laiks: 15 minūtes**
**Dehidratācijas laiks: 8 stundas**
**Porcijas: 4**
**Sastāvdaļas:**
Nomazgājiet 2 vidējus cukīni un sagrieziet ¼ collu šķēlēs
1/8 tējk. Kajennas pipars
½ tējk. Ķiploku pulveris
1 tējk. Olīvju eļļa
1/8 tējk. Jūras sāls

**Virziens:**
1. Pievienojiet visas sastāvdaļas maisīšanas traukā un labi samaisiet, lai tas pārklātu.
2. Sakārtojiet cukini šķēles uz žāvēšanas paplātēm un dehidrējiet 135 f/58 c 6–8 stundas.
3. Uzglabāt hermētiskā traukā.

**uzturs:** kalorijas: 27  tauki: 1,4 g  proteīna: 1,3 g  ogļhidrātu: 3,6 g

# Briseles kāpostu čipsi

**Pagatavošanas laiks: 15 minūtes**
**Dehidratācijas laiks: 6 stundas**
**Porcijas: 4**
**Sastāvdaļas:**
- 2 mārciņas. Nomazgājiet Briseles kāpostus, nosusiniet, nogrieziet sakni un atdaliet lapas
- 2 svaigas citronu sulas
- ½ tase ūdens
- ¼ glāzes uztura rauga
- 1 jalapeno pipars pārgriezts uz pusēm un izņemtas sēklas
- 1 glāze Indijas riekstu
- 2 paprikas
- 1 tējk. Jūras sāls

**Instrukcijas:**
1. Pievienojiet Briseles kāpostus lielā bļodā un nolieciet malā.
2. Pievienojiet blenderī piparus, ūdeni, citronu sulu, uztura raugu, halapeno, Indijas riekstus un sāli un samaisiet līdz gludai.
3. Sajaukto maisījumu pārlej pār Briseles kāpostiem un maisa, līdz tie ir labi pārklāti.
4. Sakārtojiet Briseles kāpostus uz žāvēšanas paplātēm un 6 stundas dehidrējiet 125 f/52 c.
5. Ļauj pilnībā atdzist, pēc tam uzglabā hermētiskā traukā.

**uzturs:** kalorijas: 237 tauki: 11,7 g proteīna: 12,3 g ogļhidrātu: 27,7 g

# Bbq saraustītas sloksnes

**Pagatavošanas laiks: 15 minūtes**
**Dehidratācijas laiks: 6 stundas**
**Porcijas: 4**

**Sastāvdaļas:**
- 2 ½ mārciņas liesa malta liellopa gaļa
- 2 tējk. Sol
- ½ tējk. Ķiploku pulveris
- ½ tējk. Sīpolu pulveris
- 1 ½ ēd.k. brūnais cukurs
- ¼ glāzes Vusteršīras mērces

½ glāzes bārbekjū mērces, nedaudz atšķaidīta ar ūdeni

**Virziens:**
6. Samaisiet malto liellopu gaļu ar sausajām sastāvdaļām, līdz tās ir apvienotas.
7. Sajauc šķidrumus un pārziež liellopa sloksnes ar mērci.
8. Iespiediet sloksnes pistolē. Nosusina dehidratora paplātēs un žāvē 145-155 grādos 6-12 stundas.

**uzturs:** Kalorijas: 54, nātrijs: 329 mg, diētiskās šķiedras: 0 g, kopējais tauku saturs: 1,2 g, kopējais ogļhidrātu daudzums: 4,6 g, olbaltumvielas: 5,8 g.

# Drosmīga liellopa gaļa

**Pagatavošanas laiks: 15 minūtes**
**Dehidratācijas laiks: 6 stundas**
**Porcijas: 4**
**Sastāvdaļas:**
- 2 mārciņas sagrieztas liesas gaļas
- ¼ glāzes sojas mērces
- 1 ēd.k. Vusteršīras mērce
- 1 tējk. Asā mērce
- ¼ tējk. Pipari
- ¼ tējk. Ķiploku pulveris
- ¼ tējk. Sīpolu pulveris
- ¼ tējk. Paprika
- 1 tējk. Šķidrie dūmi

**Virziens:**
1. Sagrieziet sloksnes ¼ collu biezās šķēlēs.
2. Sajauc visas sastāvdaļas un pārklāj gaļas strēmeles.
3. Nosedziet un uz nakti atdzesējiet.
4. Novietojiet gaļas šķēles uz žāvēšanas paplātēm un žāvējiet 145-155 grādos 6-6 stundas.

**uzturs:** Kalorijas: 51, nātrijs: 27 mg, diētiskās šķiedras: 0 g, kopējais tauku saturs: 1,7 g, kopējais ogļhidrātu daudzums: 0 g, olbaltumvielas: 8,3 g.

# Liellopu gaļa ar apelsīnu garšu

**Pagatavošanas laiks: 15 minūtes**
**Dehidratācijas laiks: 6 stundas**
**Porcijas: 4**
**Sastāvdaļas:**
- 3 mārciņas liesas liellopu gaļas, notīrīta no visiem taukiem un sagriezta 1/8 collu–3/8 collu biezās sloksnēs
- 3 apelsīni (2 nomizoti un nomizoti un 1 nomizoti)
- 3 ēd.k. Sojas mērce
- 3 ēd.k. Rīsu etiķis
- 2 ēd.k. Cukurs
- 3 ēd.k. sezama eļļa
- 1 ½ ēd.k. Grauzdēta sezama eļļa
- 1 tējk. Āzijas čili un ķiploku pasta
- 2 ēd.k. Svaigs ingvers, sarīvēts

**Virziens:**
1. Visas sastāvdaļas, izņemot liellopa gaļu, liek blenderī un sablendē līdz gludai.
2. Gaļu pārlej ar marinādi un samaisa.
3. Marinētu gaļu uz nakti patur ledusskapī.
4. Izņem no ledusskapja un ļauj gaļai sasilt līdz istabas temperatūrai.
5. Vienā kārtā izklājiet gaļu uz dehidratora loksnēm.
6. Dehidrējiet 145-160 grādos 6-6 stundas.

**uzturs:** Kalorijas: 61, nātrijs: 16 mg, šķiedrvielas: 0 g, kopējais tauku saturs: 1,6 g, kopējais ogļhidrātu daudzums: 4,3 g, olbaltumvielas: 7,3 g.

## Pastrami saraustīts

**Sastāvdaļas:**
- 3 mārciņas liesas liellopu gaļas, piemēram, sānu
- ½ glāzes sojas mērces
- ¼ glāzes brūnā cukura
- ½ glāzes Vusteršīras mērces
- 1 ēd.k. Citronu sula
- ½ tējk. Kajennas pipars
- 2 ēd.k. Lielas piparu sēklas
- 2 ēd.k. Koriandra sēklas
- 1 ēd.k. Sinepju sēklas

**Virziens:**
1. Katru liellopa gaļas šķēli sagrieziet ¼ collu biezās sloksnēs.
2. Sajauc visas sastāvdaļas, izņemot sēklas. Sastāvdaļas pārlej pāri sagrieztajai gaļai un atstāj uz nakti ledusskapī.
3. Izņem no ledusskapja un ļauj gaļai sasilt līdz istabas temperatūrai.
4. Novietojiet gaļu uz dehidratora loksnēm un apkaisa ar sēklām.
5. Dehidrē 145-155 grādos 6-6 stundas.

**uzturs:** Kalorijas: 56, nātrijs: 50 mg, diētiskās šķiedras: 0 g, kopējais tauku saturs: 1,4 g, kopējais ogļhidrātu daudzums: 4,2 g, olbaltumvielas: 6,1 g.

# Laša saraustīts

**Pagatavošanas laiks: 15 minūtes**
**Dehidratācijas laiks: 6 stundas**
**Porcijas: 4**
**Sastāvdaļas:**
- 1 ½ mārciņas laša, izņemti kauli
- ¼ glāzes sojas mērces
- ¼ glāzes teriyaki mērces
- 1 ēd.k. Dižonas sinepes
- 1 ēd.k. kļavu sīrups
- 1 svaigi spiests laims
- ½ tējk. Melnie pipari

**Instrukcijas:**
1. Saldējiet lasi 45 minūtes līdz 1 stundai pirms sagriešanas.
2. Pārējās sastāvdaļas liek bļodā un sakuļ.
3. Lasi sagriež plānās strēmelītēs un pievieno šķidrumam. Marinējiet 3 stundas.
4. Izņemiet laša sloksnes, nosusiniet un ievietojiet žāvētājā.
5. Dehidrē 10-12 stundas 155 grādos.

**uzturs:** Kalorijas: 36, nātrijs: 166 mg, diētiskās šķiedras: 0 g, kopējais tauku saturs: 1,4 g, kopējais ogļhidrātu daudzums: 1,3 g, olbaltumvielas: 4,7 g.

# Kūpināts tītars

**Pagatavošanas laiks: 15 minūtes**
**Dehidratācijas laiks: 6 stundas**
**Porcijas: 4**
**Sastāvdaļas:**
- 1 mārciņa tītara bez ādas un kauliem
- ¼ glāzes brūnā cukura
- ¾ glāzes sojas mērces
- 2 ēd.k. Šķidrie dūmi
- 1 ēd.k. Kūpināta paprika
- ½ ēd.k. Paprika

**Virziens:**
1. Sagrieziet tītaru ¼ collu biezās sloksnēs.
2. Visas sastāvdaļas sajauc un pārlej tītara sloksnei. Pārklājiet tītaru un ievietojiet ledusskapī uz 4-6 stundām.
3. Novietojiet tītara šķēles uz žāvēšanas paplātēm un žāvējiet 155 grādos 12-16 stundas. Laiku pa laikam pagrieziet konteinerus, lai nodrošinātu pastāvīgu dehidratāciju.

**uzturs:** Kalorijas: 72, nātrijs: 14 mg, diētiskās šķiedras: 1,2 g, kopējais tauku saturs: 1,5 g, kopējais ogļhidrātu daudzums: 10 g, olbaltumvielas: 5,6 g.

# Smokey Mexican Jerky

**Pagatavošanas laiks: 15 minūtes**
**Dehidratācijas laiks: 6 stundas**
**Porcijas: 4**
**Sastāvdaļas:**
- 2 mārciņas liellopa gaļas no augšas vai apakšas apaļas, apgrieztas ar taukiem, sagrieztas ¼ collu biezās šķēlēs
- ½ glāzes sojas mērces
- 1 glāze svaigas laima sulas
- 1-2 konservēti chipotle pipari adobo mērcē
- 1 tējk. Čili pulveris
- 1 glāze meksikāņu alus

**Virziens:**
1. Visas sastāvdaļas, izņemot liellopa gaļu, liek blenderī un sablendē līdz gludai.
2. Gaļu pārlej ar marinādi un liek ledusskapī uz 6-8 stundām.
3. Izņemiet no ledusskapja un vienā kārtā novietojiet gaļu uz dehidratora loksnēm.
4. Dehidrējiet 145-160 grādos 6-6 stundas.

**uzturs:** Kalorijas: 59, nātrijs: 24 mg, diētiskās šķiedras: 0,6 g, kopējais tauku saturs: 1,7 g, kopējais ogļhidrātu daudzums: 2,7 g, olbaltumvielas: 8,2 g.

## Pikantā "hamburgera" zeme

**Pagatavošanas laiks: 15 minūtes**
**Dehidratācijas laiks: 6 stundas**
**Porcijas: 4**
**Sastāvdaļas:**
- 2 ½ mārciņas liesa malta liellopa gaļa
- 1 tējk. Adobo garšviela
- 2 tējk. Sol
- ½ tējk. Ķiploku pulveris
- ½ tējk. Sīpolu pulveris
- 1 ēd.k. Gaļas maisītājs
- ½ tējk. Kajennas pipars
- ¼ glāzes tomātu mērces
- 1 ½ ēd.k. brūnais cukurs
- ¼ glāzes Vusteršīras mērces
- ¼ glāzes šķidru dūmu

**Virziens:**
1. Samaisiet malto liellopa gaļu ar sausajām sastāvdaļām, līdz garšvielas ir labi izkliedētas.
2. Sajauc šķidrumus un pārziež liellopa sloksnes ar mērci.
3. Iespiediet sloksnes pistolē. Nosusina dehidratora paplātēs un žāvē 145-155 grādos 6-12 stundas.

**uzturs:** Kalorijas: 52, nātrijs: 319 mg, diētiskās šķiedras: 0 g, kopējais tauku saturs: 1,3 g, kopējais ogļhidrātu daudzums: 3,5 g, olbaltumvielas: 6,2 g.

# Tītara gaļa ar garšvielām

**Pagatavošanas laiks: 15 minūtes**
**Dehidratācijas laiks: 6 stundas**
**Porcijas: 4**
**Sastāvdaļas:**
- 2 mārciņas tītara bez ādas un kauliem
- ¾ glāzes sojas mērces
- 3 ēd.k. brūnais cukurs
- 2 tējk. Sasmalcinātu ķiploku
- 2 tējk. Sarkanās čili pārslas

**Virziens:**
1. Pirms griešanas sasaldējiet tītaru. Sagriež ¼ collu biezās sloksnēs.
2. Sajauc visas sastāvdaļas un iemērc tītara sloksnes maisījumā.
3. Pārklājiet tītara sloksnes un ievietojiet ledusskapī uz nakti.
4. Novietojiet tītara šķēles uz žāvēšanas paplātēm un žāvējiet 155 grādos 8-6 stundas.

**uzturs:** Kalorijas: 62, nātrijs: 17 mg, diētiskās šķiedras: 0 g, kopējais tauku saturs: 1,4 g, kopējais ogļhidrātu daudzums: 5,1 g, olbaltumvielas: 6,9 g.

## Pikanti saraustīti ar harisas garšu

**Pagatavošanas laiks: 15 minūtes**
**Dehidratācijas laiks: 6 stundas**
**Porcijas: 4**
**Sastāvdaļas:**
- 3 mārciņas liesas maltas liellopa gaļas, piemēram, filejas vai acs
- 2 ēd.k. Sol
- 1 ēd.k. brūnais cukurs
- 1 ēd.k. Čili pulveris
- 1 ēd.k. Kūpināta paprika
- 1 ēd.k. Ķimenes
- 1 ēd.k. Koriandrs
- 1 ēd.k. Ķiploku pulveris
- 1 ēd.k. Sīpolu pulveris
- ¼ tējk. Kajennas pipars

**Virziens:**
1. Katru liellopa gaļas šķēli sagrieziet ¼ collu biezās sloksnēs.
2. Sastāvdaļas sajauc un ielej rāvējslēdzēja maisiņā. Pievieno gaļas strēmeles un liek ledusskapī uz nakti.
3. Izņem no ledusskapja un ļauj gaļai sasilt līdz istabas temperatūrai.
4. Novietojiet gaļu uz dehidratora loksnēm un dehidrējiet 145-155 grādos 6-6 stundas.

**uzturs:** Kalorijas: 56, nātrijs: 692 mg, diētiskās šķiedras: 0,9 g, kopējais tauku saturs: 1,8 g, kopējais ogļhidrātu daudzums: 3,5 g, olbaltumvielas: 6,9 g.

## Salda un pikanta gaļa no medījuma vai liellopa gaļas

**Pagatavošanas laiks: 15 minūtes**
**Dehidratācijas laiks: 6 stundas**
**Porcijas: 4**
**Sastāvdaļas:**
- 2 mārciņas medījuma vai liellopa gaļas
- ½ glāzes brūnā cukura
- ¼ glāzes ananāsu sulas
- 1 ēd.k. Melnie pipari
- 1 ēd.k. Citronu sula
- 1 ēd.k. Malto ķiploku
- 1 ēd.k. Paprika
- ¼ glāzes Vusteršīras mērces
- ½ glāzes sojas mērces
- 1 tējk. Sriracha mērce

**Virziens:**
1. Sagrieziet iepriekš sasaldētu brieža gaļu vai liellopu gaļu ¼ collu biezās šķēlēs.
2. Visas sastāvdaļas sajauc un sloksnes iezied mērcē.
3. Nosedziet un uz nakti atdzesējiet.
4. Novietojiet liellopa vai brieža gaļas šķēles uz žāvēšanas paplātēm un žāvējiet 145-155 grādos apmēram 6-6 stundas.

**uzturs:** Kalorijas: 53, nātrijs: 22 mg, diētiskās šķiedras: 1,1 g, kopējais tauku saturs: 0,4 g, kopējais ogļhidrātu daudzums: 9,5 g, olbaltumvielas: 3,5 g.

# Teriyaki saraustīts

**Pagatavošanas laiks: 15 minūtes**
**Dehidratācijas laiks: 6 stundas**
**Porcijas: 4**
**Sastāvdaļas:**
- 2 ½ mārciņas sagrieztas liesas liellopa gaļas
- 1 glāze teriyaki mērces
- 1 glāze Vusteršīras mērces
- ½ glāzes sojas mērces
- 2 tējk. Sīpolu pulveris
- 2 tējk. Ķiploku pulveris
- 1 tējk. Paprika
- 1 tējk. Malts ingvers
- 1 ēd.k. Sarkano piparu pārslas
- 3 ēd.k. Mīļā
- 1 tējk. Citronu sula

**Virziens:**
1. Sagrieziet sloksnes ¼ collu biezās šķēlēs.
2. Sastāvdaļas sajauc un gaļu marinē mērces maisījumā.
3. Nosedziet un uz nakti atdzesējiet.
4. Novietojiet gaļas šķēles uz žāvēšanas paplātēm un žāvējiet 145-155 grādos 6-6 stundas.

**uzturs:** Kalorijas: 48, nātrijs: 276 mg, diētiskās šķiedras: 0 g, kopējais tauku saturs: 1 g, kopējais ogļhidrātu daudzums: 5 g, olbaltumvielas: 4,7 g.

# Taizemes saldais čili saraustīts

**Pagatavošanas laiks: 15 minūtes**
**Dehidratācijas laiks: 6 stundas**
**Porcijas: 4**

**Sastāvdaļas:**
- 2 mārciņas liellopu gaļas augšā vai apakšā apaļa, apgriezta, sagriezta ¼ collu šķēlēs
- 3 ēd.k. Sojas mērce
- 1 ēd.k. Vusteršīras mērce
- 1 ēd.k. Teriyaki mērce
- ½ tase ūdens
- 1 glāze saldās čili mērces
- 1 tējk. Malts ingvers

**Virziens:**
1. Lielā bļodā apvienojiet marinādes sastāvdaļas. Gaļu liek rāvējslēdzēja maisiņā un pārlej gaļu ar marinādi.
2. Marinējiet gaļu ledusskapī uz nakti.
3. Novietojiet gaļu uz dehidratora loksnēm vienā kārtā.
4. Dehidrējiet 155 grādos 6-8 stundas.

**uzturs:** Kalorijas: 59, nātrijs: 131 mg, diētiskās šķiedras: 0,6 g, kopējais tauku saturs: 1,1 g, kopējais ogļhidrātu daudzums: 5 g, olbaltumvielas: 5,6 g.

# Piedzēries blēdis

**Pagatavošanas laiks: 15 minūtes**
**Dehidratācijas laiks: 6 stundas**
**Porcijas: 4**
**Sastāvdaļas:**
- 2 mārciņas liesa steika, sagriezta šķēlēs un sasaldēta līdz 2 stundām pirms sagriešanas
- 16 unces tumšais beļģu alus
- 2 ēd.k. Teriyaki mērce
- ¼ glāzes sojas mērces
- 2 ēd.k. Tumši brūns cukurs
- ½ tējk. Sāls ar garšvielām
- 2 ķiploka daiviņas, maltas
- ½ tējk. Kajennas pipars

**Virziens:**
1. Lielā bļodā apvienojiet marinādes sastāvdaļas. Gaļu liek rāvējslēdzēja maisiņā un pārlej gaļu ar marinādi.
2. Turiet gaļu ledusskapī uz nakti.
3. Izņem no ledusskapja un ļauj gaļai sasilt līdz istabas temperatūrai.
4. Vienā kārtā izklājiet gaļu uz dehidratora loksnēm.
5. Dehidrē 160 grādos 6-8 stundas.

**uzturs:** Kalorijas: 60, nātrijs: 76 mg, diētiskās šķiedras: 0 g, kopējais tauku saturs: 1,6 g, kopējais ogļhidrātu daudzums: 3,5 g, olbaltumvielas: 7,6 g.

# Kāpostu čipsi

**Pagatavošanas laiks: 10 minūtes**
**Dehidratācijas laiks: 4 stundas**
**Porcijas: 4**
**Sastāvdaļas:**
- 2 galviņas kāpostu
- 1 tējk. Ķiploku pulveris
- 1 tējk. Jūras sāls
- 1 ēd.k. Svaiga citronu sula
- 3 ēd.k. Uztura raugs
- 2 ēd.k. Olīvju eļļa

**Instrukcijas:**
1. Kāpostu nomazgājiet un sagrieziet kubiņos.
2. Pievienojiet atlikušās sastāvdaļas bļodā un labi samaisiet.
3. Pievienojiet kāpostu gabaliņus bļodā un mētājiet, līdz tie ir labi pārklāti.
4. Sakārtojiet kāpostu gabaliņus žāvēšanas pannās un dehidrējiet 145 f/63 c temperatūrā 3-4 stundas vai līdz tie ir kraukšķīgi.

**uzturs:** kalorijas: 111 tauki: 7,5 g proteīna: 4,9 g ogļhidrātu: 8,5 g

## Žāvēti pipari

**Pagatavošanas laiks: 10 minūtes**
**Dehidratācijas laiks: 24 stundas**
**Porcijas: 4**
**Sastāvdaļas:**
- Pārgrieziet 4 papriku uz pusēm un izņemiet sēklas

**Instrukcijas:**
1. Sagrieziet papriku sloksnēs, pēc tam sagrieziet katru sloksni ½ collu gabalos.
2. Sakārtojiet piparu sloksnes uz dehidratora statīviem un dehidrējiet 135 f/58 c 12–24 stundas vai līdz tie ir kraukšķīgi.
3. Uzglabāt hermētiskā traukā.

**uzturs:** Kalorijas: 38 Tauki: 0,3 g Olbaltumvielas: 1,2 g Ogļhidrāti: 9 g

# Avokado čipsi

**Pagatavošanas laiks: 15 minūtes**
**Dehidratācijas laiks: 6 stundas**
**Porcijas: 4**
**Sastāvdaļas:**
- 4 avokado, pārgriezti uz pusēm un bez kauliņiem
- ¼ tējk. Jūras sāls
- ¼ tējk. Kajennas pipars
- ¼ glāzes svaiga koriandra, sasmalcināta
- ½ citrona sulas

**Instrukcijas:**
1. Sagrieziet avokado šķēlēs.
2. Avokado šķēles pārlej ar citrona sulu.
3. Sakārtojiet avokado šķēles uz žāvēšanas paplātēm un apkaisa ar kajēnas pipariem, sāli un 6 stundas dehidrējiet cilantro 160 f/71 c temperatūrā.

**uzturs:** kalorijas: 62 tauki: 5,1 g proteīna: 1,1 g ogļhidrātu: 3,2 g

# Saldo kartupeļu čipsi

**Pagatavošanas laiks: 10 minūtes**
**Dehidratācijas laiks: 12 stundas**
**Porcijas: 2**
**Sastāvdaļas:**
- Nomizo un smalki sagrież 2 saldos kartupeļus
- 1/8 tējk. Malts kanēlis
- 1 tējk. Kokosriekstu eļļa, izkausēta
- Roņu sāls

**Instrukcijas:**
1. Pievienojiet bļodā saldo kartupeļu daiviņas. Pievienojiet kanēli, kokosriekstu eļļu un sāli un labi samaisiet.
2. Sakārtojiet saldo kartupeļu šķēles uz žāvēšanas paplātēm un 12 stundas dehidrējiet 125 f/52 c temperatūrā.
3. Uzglabāt hermētiskā traukā.

**uzturs:** kalorijas: 132 tauki: 2,3 g proteīna: 2,1 g ogļhidrātu: 26,3 g

# Veselīgi cukīni čipsi

**Pagatavošanas laiks: 10 minūtes**
**Dehidratācijas laiks: 12 stundas**
**Porcijas lielums: 8**
**Sastāvdaļas:**
- 1 dzeltenais skvošs, sagriezts 1/8 collu biezās šķēlēs
- 2 ēd.k. Etiķis
- 2 tējk. Olīvju eļļa
- Sol

**Instrukcijas:**
1. Pievienojiet visas sastāvdaļas bļodā un labi samaisiet.
2. Sakārtojiet cukini šķēles uz žāvēšanas paplātēm un dehidrējiet 115 f/46 c temperatūrā 12 stundas vai līdz tās ir kraukšķīgas.
3. Uzglabāt hermētiskā traukā.

**uzturs:** kalorijas: 15 tauki: 1,2 g proteīna: 0,3 g ogļhidrāti: 0,9 g

# Brokoļu čipsi

**Pagatavošanas laiks: 15 minūtes**
**Dehidratācijas laiks: 12 stundas**
**Porcijas: 4**
**Sastāvdaļas:**
- 1 mārciņa Brokoļi, sagriezti ziediņos
- 1 tējk. Sīpolu pulveris
- 1 ķiploka daiviņa
- ½ glāzes dārzeņu buljona
- ¼ glāzes kaņepju sēklu
- 2 ēd.k. Uztura raugs

**Instrukcijas:**
1. Pievienojiet brokoļu ziedus lielā maisīšanas traukā un nolieciet malā.
2. Pievieno pārējās sastāvdaļas blenderī un sablendē līdz gludai.
3. Sablendēto maisījumu pārlej pāri brokoļu ziediņiem un kārtīgi samaisa.
4. Sakārtojiet brokoļu ziedus uz žāvēšanas paplātēm un dehidrējiet 115 f/46 c 10-12 stundas.

**uzturs:** kalorijas: 106 tauki: 4,3 g proteīna: 8,7 g ogļhidrātu: 11,2 g

# Āzijas blēdis

**Pagatavošanas laiks: 15 minūtes**
**Dehidratācijas laiks: 6 stundas**
**Porcijas: 4**
**Sastāvdaļas:**
- 1 mārciņa sagrieztas liesas liellopa gaļas
- 4 ēd.k. Sojas mērce
- 4 ēd.k. Vusteršīras mērce
- 1 tējk. Malts ingvers
- ½ tējk. Pipari
- 3 ķiploka daiviņas
- 1 tējk. Grauzdēta sezama eļļa
- 1 tējk. Mīļā

**Virziens:**
1. Sagrieziet sloksnes ¼ collu biezās šķēlēs.
2. Sastāvdaļas sajauc un gaļas strēmeles pārziež ar mērci.
3. Nosedziet un uz nakti atdzesējiet.
4. Novietojiet gaļas šķēles uz žāvēšanas paplātēm un žāvējiet 145-155 grādos 6-6 stundas.

**uzturs:** Kalorijas 129  Tauki 3,6 g  Ogļhidrāti 23 g  Olbaltumvielas 2,3 g

# Liellopu gaļa ar ķiploku

**Pagatavošanas laiks: 15 minūtes**
**Dehidratācijas laiks: 6 stundas**
**Porcijas: 4**
**Sastāvdaļas:**
- 2 mārciņas plāni sagrieztas liellopa gaļas
- 1 kanna koksa
- 7 saspiesta ķiploka daiviņas
- ½ glāzes sojas mērces
- 3 ēd.k. Vusteršīras mērce
- 2 ēd.k. Kečups
- 2 tējk. Sarkanā karstā mērce
- 1 tējk. Svaiga laima sula

**Virziens:**
1. Lielā bļodā apvienojiet marinādes sastāvdaļas. Gaļu liek rāvējslēdzēja maisiņā un pārlej gaļu ar marinādi.
2. Gaļu marinē ledusskapī 4-8 stundas.
3. Vienā kārtā izklājiet gaļu uz dehidratora loksnēm.
4. Dehidrējiet 155 grādos 6-8 stundas.

**uzturs:** Kalorijas: 52, nātrijs: 60 mg, diētiskās šķiedras: 0 g, kopējais tauku saturs: 1,6 g, kopējais ogļhidrātu daudzums: 1,1 g, olbaltumvielas: 7,7 g.

# Marinēta zeme

**Pagatavošanas laiks: 15 minūtes**
**Dehidratācijas laiks: 6 stundas**
**Porcijas: 4**
**Sastāvdaļas:**
- 2 mārciņas sagrieztas liesas gaļas
- ½ galonu ūdens
- ¼ glāzes plus 1 ēdamkarote. Sol
- ¼ glāzes cukura
- 2 ēd.k. Šķidrie dūmi
- ½ tējk. Melnie pipari
- ½ tējk. Kūpināta paprika

**Virziens:**
1. Sagrieziet sloksnes ¼ collu biezās šķēlēs. Sagatavojiet sālījumu, sajaucot visas sastāvdaļas.
2. Mērcēt gaļas strēmeles sālījumā uz nakti.
3. Izlejiet sālījumu. Nomazgājiet un nosusiniet gaļu.
4. Novietojiet gaļas šķēles uz žāvēšanas paplātēm un žāvējiet 145-155 grādos 6-6 stundas.

**uzturs:**Kalorijas: 54, nātrijs: 1842 mg, diētiskās šķiedras: 0 g, kopējais tauku saturs: 1,2 g, kopējais ogļhidrātu daudzums: 5 g, olbaltumvielas: 5,8 g.

# Gaļa

## Saraustīts chipotle mērcē

**Gatavošanas laiks:** 12 stundas un 10 minūtes
**Dehidratācijas laiks: 6 stundas**
**Porcijas: 2**
**Sastāvdaļas:**
- 1 ēdamkarote tomātu pastas
- 7 unces. Chipotle adobo mērce
- 1 tējkarote sāls
- 1 tējkarote cukura
- 1 tējkarote ķiploku pulvera
- 1 mārciņa Cūkgaļas fileja, sagriezta

**Virziens:**
1. Bļodā sajauciet tomātu pastu, chipotle adobo mērci, sāli, cukuru un ķiploku pulveri.
2. Pārvietojiet atkārtoti noslēdzamā plastmasas maisiņā kopā ar cūkgaļas šķēlītēm.
3. Aizveriet un atstājiet ledusskapī uz 12 stundām.
4. Nokāš marinādi.
5. Pievienojiet cūkgaļas šķēles Cosori premium pārtikas dehidratētājam.
6. Apstrādājiet 6 stundas 158 ° F temperatūrā.
7. Uzglabāšanas ieteikumi: ielieciet stikla burkā ar vāku. Uzglabāt vēsā un sausā vietā, prom no saules gaismas.

**Padoms:** cūkgaļu vajadzētu sagriezt vismaz 5 mm biezās šķēlēs.

**uzturs:**Kalorijas 54 Tauki 0,3 g Ogļhidrāti 11,3 g Olbaltumvielas 2,5 g

# Paprikas cūkgaļa

**Gatavošanas laiks:** 12 stundas un 10 minūtes
**Dehidratācijas laiks: 6 stundas**
**Porcijas: 2**
**Sastāvdaļas:**
- 1 mārciņa Cūkgaļas fileja, sagriezta
- ½ tase kečupa
- 1 tējkarote sīpolu pulvera
- 1 tējkarote ķiploku pulvera
- 1 tējkarote kūpinātas paprikas
- 1 tējkarote maltas sinepes
- 1 tējkarote čili pulvera
- Pievienojiet sāli un piparus pēc garšas

**Virziens:**
1. Pievienojiet bļodā kečupu.
2. Sajauc sīpolu pulveri, ķiploku pulveri, papriku, sinepes, čili pulveri, sāli un piparus.
3. Kārtīgi samaisa.
4. Pārnesiet maisījumu atkārtoti noslēdzamā plastmasas maisiņā.
5. Pievienojiet cūkgaļu plastmasas maisiņā.
6. Aizveriet un atstājiet ledusskapī uz 12 stundām.
7. Izņem cūkgaļu no marinādes.
8. Pievienojiet Cosori premium pārtikas dehidratoram.
9. Žāvējiet 158 ° F temperatūrā 6 stundas.
10. Uzglabāšanas ieteikumi: Uzglabājiet malto cūkgaļu stikla burkā ar vāku. Uzglabāt vēsā un sausā vietā līdz 2 nedēļām.

**Padoms:** ķiploku pulvera un sāls vietā var izmantot arī ķiploku sāli.

**uzturs:**Kalorijas 382 Tauki 1,2 g Ogļhidrāti 67,1 g Olbaltumvielas 26,1 g

## Liellopa bulgogi saraustīts

**Gatavošanas laiks:** 12 stundas un 10 minūtes
**Dehidratācijas laiks: 6 stundas**
**Porcijas: 4**
**Sastāvdaļas:**
- 2 lb. Liellopu gaļa apaļa, sagriezta
- 4 ēdamkarotes brūnā cukura
- 4 ēdamkarotes sojas mērces
- 1 ēdamkarote ķiploku pulvera
- 1 ēdamkarote sezama eļļas
- Sāls pēc garšas

**Virziens:**
1. Ievietojiet liellopu gaļu atkārtoti noslēdzamā plastmasas maisiņā.
2. Pārējās sastāvdaļas sajauc bļodā.
3. Pievienojiet maisījumu plastmasas maisiņā.
4. Novietojiet liellopu gaļu ledusskapī uz 12 stundām.
5. Nokāš marinādi.
6. Pievienojiet liellopu gaļu cosori premium pārtikas dehidratētājam.
7. Iestatīt uz 165 grādiem f.
8. Apstrādājiet 6 stundas.
9. Uzglabāšanas ieteikumi: ielikt stikla burkā ar vāku un uzglabāt vēsā, sausā vietā.

**Padoms:** sagrieziet liellopa gaļu pāri graudiem. Katrai šķēlei jābūt vismaz 5 mm biezai.

**uzturs:** Kalorijas 382 Tauki 1,2 g Ogļhidrāti 67,1 g Olbaltumvielas 26,1 g

## sinepju liellopu gaļa ar balzamiko etiķi

**Gatavošanas laiks:** 12 stundas un 10 minūtes
**Dehidratācijas laiks: 6 stundas**
**Porcijas: 4**

**Sastāvdaļas:**
- 2 lb. Liellopu gaļa apaļa, sagriezta
- 2 ēdamkarotes olīveļļas
- 1 ēdamkarote Dižonas sinepju
- 1 glāze balzamiko etiķa
- 2 ķiploka daiviņas, sasmalcinātas
- 1 tējkarote sāls

**Virziens:**
1. Pievienojiet liellopu gaļu atkārtoti noslēdzamā plastmasas maisiņā.
2. Bļodā sajauc pārējās sastāvdaļas.
3. Kārtīgi samaisa.
4. Ielejiet maisījumu plastmasas maisiņā.
5. Liek ledusskapī uz 12 stundām.
6. Nokāš marinādi.
7. Pievienojiet liellopa gaļas šķēles Cosori premium pārtikas dehidratētājam.
8. Iestatiet dehidratatoru uz 165 grādiem f.
9. Žāvē 6 stundas.
10. Uzglabāšanas ieteikumi: liellopa gaļas gabalus glabājiet stikla traukā ar vāku. Uzglabāt vietā, kas ir aizsargāta no saules gaismas.

**Padoms:** jūs varat dehidrēt ilgāk līdz 8 stundām.

**uzturs:** Kalorijas 372 Tauki 27,5 g Ogļhidrāti 9,6 g Olbaltumvielas 24 g

# Buffalo saraustīts

**Gatavošanas laiks:** 15 stundas un 10 minūtes
**Dehidratācijas laiks: 6 stundas**
**Porcijas: 4**
**Sastāvdaļas:**
- 2 lb. Liellopu gaļa apaļa, sagriezta
- 1 tējkarote sāls
- 1 glāze bifeļu mērces

**Virziens:**
1. Garšojiet liellopa gaļas šķēles ar sāli.
2. Pievienojiet bļodā bifeļu mērci.
3. Iemaisa garšvielu liellopa gaļu.
4. Pārklāj bļodu.
5. Atstāj ledusskapī uz 15 stundām.
6. Nokāš marinādi.
7. Pievienojiet liellopa gaļas šķēles Cosori premium pārtikas dehidratētājam.
8. Apstrādājiet 165 grādos f 6 stundas.
9. Uzglabāšanas ieteikumi: Ievietojiet liellopu gaļu atkārtoti noslēdzamā stikla traukā. Uzglabāt līdz 2 nedēļām.

**Padoms:** marinādei var pievienot arī karstu mērci, lai iegūtu papildu garšu.

**uzturs:** Kalorijas 372 Tauki 27,5 g Ogļhidrāti 9,6 g Olbaltumvielas 24 g

# Grilēt liellopu gaļu

**Gatavošanas laiks:** 12 stundas un 10 minūtes
**Dehidratācijas laiks: 6 stundas**
**Porcijas: 4**
**Sastāvdaļas:**
- 2 lb. Liellopu gaļa apaļa, sagriezta
- Pievienojiet sāli un piparus pēc garšas
- 2 tējkarotes žāvēta oregano
- 2 tējkarotes maltas ķimenes
- 1 tējkarote sīpolu pulvera
- 1 tējkarote malta koriandra
- 4 ķiploka daiviņas, sarīvētas
- ½ glāzes olīveļļas
- ½ glāzes laima sulas
- 1 tējkarote sarkano piparu pārslu

**Virziens:**
1. Pievienojiet liellopa gaļas šķēles atkārtoti noslēdzamā plastmasas maisiņā.
2. Bļodā sajauc sāli, piparus, garšaugus, garšvielas, ķiplokus, olīveļļu, laima sulu un sarkano piparu pārslas.
3. Ielejiet maisījumu plastmasas maisiņā.
4. Apgrieziet, lai liellopa gaļas šķēles vienmērīgi pārklātu ar maisījumu.
5. Aizveriet un marinējiet 12 stundas.
6. Nokāš marinādi.
7. Ievietojiet liellopa gaļas šķēles cosori pārtikas dehidratatorā.
8. Iestatiet uz 165 grādiem F un apstrādājiet 6 stundas.
9. Uzglabāšanas ieteikumi: glabājiet liellopu gaļu vakuumā noslēgtā plastmasas maisiņā.

Sagatavošana un dehidratācija Padoms: laima sulas vietā varat izmantot citronu sulu.

**uzturs:** Kalorijas 372 Tauki 27,5 g Ogļhidrāti 9,6 g Olbaltumvielas 24 g

## Saldskābā cūkgaļa

**Gatavošanas laiks:** 12 stundas un 10 minūtes
**Dehidratācijas laiks: 6 stundas**
**Porcijas: 4**
**Sastāvdaļas:**
- 1 mārciņa Cūkgaļas fileja, sagriezta
- 2 ēdamkarotes zivju mērces
- ¼ glāzes laima sulas
- ¼ glāzes brūnā cukura
- 1 šalotes sīpols, sarīvēts
- 2 ķiploka daiviņas, sarīvētas
- Pievienojiet sāli un piparus pēc garšas

**Virziens:**
1. Visas sastāvdaļas sajauc bļodā.
2. Kārtīgi samaisa.
3. Pārvietojiet atkārtoti noslēdzamā plastmasas maisiņā.
4. Atdzesē ledusskapī 12 stundas.
5. Izņem no marinādes.
6. Pārnesiet cūkgaļas šķēles uz cosori premium pārtikas žāvētāju.
7. Apstrādājiet 6 stundas 158 ° F temperatūrā.
8. Uzglabāšanas ieteikumi: uzglabāt stikla burkā ar vāku, prom no tiešiem saules stariem.

**Padoms:** pārliecinieties, ka šķēles ir vismaz 5 mm biezas.

**uzturs:** Kalorijas 372 Tauki 27,5 g Ogļhidrāti 9,6 g Olbaltumvielas 24 g

# Jēra gaļa

**Pagatavošanas laiks: 13 stundas**
**Dehidratācijas laiks: 6 stundas**
**Porcijas: 4**
**Sastāvdaļas:**
- 3 lb. jēra kāja, sagriezta
- ¼ glāzes sojas mērces
- 3 ēdamkarotes Vusteršīras mērces
- 1 karote oregano
- 1 tējkarote ķiploku pulvera
- 1 1/2 tējkarotes sīpolu pulvera
- Pipari pēc garšas

**Virziens:**
1. Pievienojiet jēra šķēles atkārtoti noslēdzamā plastmasas maisiņā.
2. Pārējās sastāvdaļas sajauc bļodā.
3. Kārtīgi samaisa.
4. Ielejiet maisījumu atkārtoti noslēdzamā plastmasas maisiņā.
5. Marinējiet ledusskapī 13 stundas.
6. Ievietojiet jēra šķēles cosori premium pārtikas žāvētājā.
7. Apstrādājiet 145 grādos f 6 stundas.
8. Uzglabāšanas ieteikumi: uzglabāt jēra gaļu stikla burkā ar vāku līdz 2 nedēļām.

**Padoms:** Vispirms jēra gaļu sasaldē uz 1 stundu, lai būtu vieglāk sagriezt strēmelēs.

**uzturs:** Kalorijas 183  Tauki 5 g  Ogļhidrati 28 g  Olbaltumvielas 7,3 g

# Liellopu gaļa

**Pagatavošanas laiks: 10 minūtes**
**Dehidratācijas laiks: 6 stundas**
**Porcijas: 4**
**Sastāvdaļas:**
- 2 lb. Liellopa acs apaļa
- ½ glāzes sojas mērces
- ½ glāzes Vusteršīras mērces
- 1 tējkarote sāls
- 1 karote medus

**Virziens:**
1. Sagrieziet apaļo liellopa aci pāri graudiem.
2. Pievienojiet sojas mērci, Vusteršīras mērci, sāli un medu atkārtoti noslēdzamā plastmasas maisiņā.
3. Pievienojiet liellopa gaļu plastmasas maisiņā.
4. Apgrieziet mēteli otrādi.
5. Liek ledusskapī uz 12 stundām.
6. Nokāš marinādi.
7. Pievienojiet liellopu gaļu cosori premium pārtikas dehidratētājam.
8. Apstrādājiet 165 grādos f 6 stundas.
9. Uzglabāšanas ieteikumi: uzglabāt vēsā, sausā vietā. Uzglabāt stikla burkā ar vāku līdz 2 nedēļām.

**Padoms:** šķēlēm jābūt apmēram 5 mm biezām.

**uzturs:** Kalorijas: 59, nātrijs: 131 mg, diētiskās šķiedras: 0,6 g, kopējais tauku saturs: 1,1 g, kopējais ogļhidrātu daudzums: 5 g, olbaltumvielas: 5,6 g.

# Sukādes bekons

**Gatavošanas laiks:** 12 stundas un 10 minūtes
**Dehidratācijas laiks: 6 stundas**
**Porcijas: 4**
**Sastāvdaļas:**
- 10 bekona šķēles
- 3 ēdamkarotes brūnā cukura
- 3 ēdamkarotes sojas mērces
- 2 tējkarotes mirin
- 2 tējkarotes sezama eļļas
- 2 ēdamkarotes čili ķiploku mērces

**Virziens:**
1. Katru bekona strēmeli sagriež 3 daļās.
2. Bļodā pievienojiet pārējās sastāvdaļas.
3. Kārtīgi samaisa.
4. Pievienojiet maisījumam bekona šķēles.
5. Nosedziet un ievietojiet ledusskapī 12 stundas.
6. Pievienojiet bekonu cosori premium pārtikas dehidratētājam.
7. Dehidrējiet 165 ° F temperatūrā 6 stundas.
8. Uzglabāšanas padomi: Uzglabājiet sukādes bekonu stikla burkā ar vāku līdz 2 nedēļām.

**Padoms:** pievienojiet čili pulveri marinādei, ja vēlaties, lai jūsu cukurotais bekons būtu īpaši pikants.

**uzturs:** Kalorijas: 59, nātrijs: 131 mg, diētiskās šķiedras: 0,6 g, kopējais tauku saturs: 1,1 g, kopējais ogļhidrātu daudzums: 5 g, olbaltumvielas: 5,6 g.

# Liellopa teriyaki saraustīts

**Gatavošanas laiks:** 12 stundas un 10 minūtes
**Dehidratācijas laiks: 6 stundas**
**Porcijas: 4**
**Sastāvdaļas:**
- 2 lb. Liellopu gaļa apaļa, sagriezta
- ¼ glāzes brūnā cukura
- ½ glāzes sojas mērces
- ¼ glāzes ananāsu sulas
- 1 ķiploka daiviņa, saspiesta
- ¼ tējkarotes ingvera, sarīvēta

**Virziens:**
1. Pievienojiet visas sastāvdaļas bļodā.
2. Kārtīgi samaisa.
3. Pārvietojiet atkārtoti noslēdzamā plastmasas maisiņā.
4. Pievienojiet liellopa gaļu plastmasas maisiņā.
5. Marinējiet ledusskapī 12 stundas.
6. Pirms dehidratācijas izmetiet marinādi.
7. Pievienojiet Cosori premium pārtikas dehidratoram.
8. Apstrādājiet 165 grādos f 6 stundas.
9. Uzglabāšanas ieteikumi: uzglabāt stikla burkā ar vāku vai vakuumā noslēgtā maisiņā.

**Padoms:** liellopu gaļai jābūt vismaz 5 mm biezai šķēlei.
**uzturs:** Kalorijas 129 Tauki 3,6 g Ogļhidrāti 23 g Olbaltumvielas 2,3 g

# Vjetnamiešu liellopu gaļa

**Gatavošanas laiks:** 12 stundas un 10 minūtes
**Dehidratācijas laiks: 6 stundas**
**Porcijas: 4**
**Sastāvdaļas:**
- 2 lb. Liellopu gaļa apaļa
- 3 ēdamkarotes zivju mērces
- 1 karote sojas mērces
- 2 ēdamkarotes laima sulas
- ¼ glāzes brūnā cukura

**Virziens:**
1. Visas sastāvdaļas sajauc bļodā.
2. Pārvietojiet atkārtoti noslēdzamā plastmasas maisiņā.
3. Apgrieziet, lai liellopa gaļas strēmeles vienmērīgi pārklātu ar marinādi.
4. Liek ledusskapī uz 12 stundām.
5. Nokāš marinādi.
6. Pievienojiet liellopu gaļu cosori premium pārtikas dehidratētājam.
7. Apstrādājiet 165 grādos f 6 stundas.
8. Uzglabāšanas ieteikumi: uzglabājiet saraustītus stikla burkā ar vāku līdz 1 nedēļai.

**Padoms:** sagrieziet liellopa gaļu pāri graudiem. Pārliecinieties, ka liellopu gaļa ir vismaz 5 mm bieza.

**uzturs:** Kalorijas 129 Tauki 3,6 g Ogļhidrāti 23 g Olbaltumvielas 2,3 g

## Kūpināts bekons ar garšvielām

**Pagatavošanas laiks: 10 minūtes**
**Dehidratācijas laiks: 6 stundas**
**Porcijas: 4**
**Sastāvdaļas:**
- 10 šķēles kūpināta bekona
- 1 tējkarote maltas fenheļa sēklas
- 1/8 tējkarotes sīpolu pulvera
- 1/8 tējkarotes ķiploku pulvera
- ¼ tējkarotes žāvētas salvijas
- ¼ tējkarotes žāvēta timiāna
- 1 tējkarote brūnā cukura
- ¼ tējkarotes sarkano piparu pārslu
- 1/8 tējkarotes melno piparu

**Virziens:**
1. Sagrieziet bekonu 3 daļās.
2. Bļodā sajauc pārējās sastāvdaļas.
3. Apkaisiet abas bekona puses ar garšvielu maisījumu.
4. Pievienojiet bekona šķēles Cosori premium pārtikas dehidratētājam.
5. Dehidrējiet 165 ° F temperatūrā 6 stundas.
6. Uzglabāšanas ieteikumi: bekona atkritumus uzglabāt stikla burkā ar vāku līdz 1 nedēļai.

**Padoms:** varat pievienot vairāk sarkano piparu pārslu, ja vēlaties, lai kastanis būtu pikants.

**uzturs:** Kalorijas 54 Tauki 0,3 g Ogļhidrāti 11,3 g Olbaltumvielas 2,5 g

# Citronu zivju zivis

**Gatavošanas laiks:** 4 stundas un 10 minūtes
**Dehidratācijas laiks: 8 stundas**
**Porcijas: 2**
**Sastāvdaļas:**
- 1 mārciņa Mencas fileja, sagriezta
- 1 ēdamkarote citrona sulas
- 1 tējkarote citrona miziņas
- 2 ēdamkarotes olīveļļas
- 1 tējkarote dilles
- 1 ķiploka daiviņa, sarīvēta
- Pievienojiet sāli pēc garšas

**Virziens:**
1. Sajauc zivju šķēles un citas sastāvdaļas atkārtoti noslēdzamā plastmasas maisiņā.
2. Apgrieziet, lai zivis vienmērīgi pārklātu ar marinādi.
3. Ievietojiet plastmasas maisiņu ledusskapī uz 4 stundām.
4. Nokāš marinādi.
5. Pievienojiet zivju šķēles Cosori premium pārtikas dehidratētājam.
6. Apstrādājiet 145 ° F temperatūrā 8 stundas.
7. Uzglabāšanas ieteikumi: uzglabāt zivju gaļu stikla burkā ar vāku vai vakuumā noslēgtā maisiņā līdz 2 nedēļām.

**Padoms:** šai receptei varat izmantot arī lasi.

**uzturs:** Kalorijas 183 Tauki 5 g Ogļhidrāti 28 g Olbaltumvielas 7,3 g

# Laša saraustīts

**Gatavošanas laiks:** 4 stundas un 10 minūtes
**Dehidratācijas laiks: 8 stundas**
**Porcijas: 2**
**Sastāvdaļas:**
- 1 ¼ lb. Lasis, sagriezts
- ½ glāzes sojas mērces
- 1 ēdamkarote melases
- 1 ēdamkarote citrona sulas
- Pipari pēc garšas

**Virziens:**
1. Ievietojiet laša šķēles atkārtoti noslēdzamā plastmasas maisiņā.
2. Bļodā sajauc pārējās sastāvdaļas.
3. Pievienojiet maisījumu plastmasas maisiņā.
4. Marinējiet ledusskapī 4 stundas.
5. Nokāš marinādi.
6. Pievienojiet laša šķēles Cosori premium pārtikas dehidratētājam
7. Apstrādājiet 145 ° F temperatūrā 8 stundas.
8. Uzglabāšanas ieteikumi: Ievietojiet zivju gaļu pārtikas traukā ar vāku. Uzglabāt līdz 2 nedēļām.

**Padoms:** izmantojiet svaigi spiestu citronu sulu. Laša šķēlītēm jābūt ¼ collu biezām.

**uzturs:** Kalorijas 183 Tauki 5 g Ogļhidrāti 28 g Olbaltumvielas 7,3 g

# Zivju teriyaki jerky

**Gatavošanas laiks:** 4 stundas un 10 minūtes
**Dehidratācijas laiks: 8 stundas**
**Porcijas: 2**
**Sastāvdaļas:**
- 1 mārciņa Lasis, sagriezts
- ¼ tējkarotes ingvera, sarīvēta
- ¼ glāzes cukura
- ½ glāzes sojas mērces
- ¼ glāzes apelsīnu sulas
- 1 ķiploka daiviņa, malta

**Virziens:**
1. Visas sastāvdaļas sajauc bļodā.
2. Kārtīgi samaisa.
3. Pārvietojiet atkārtoti noslēdzamā plastmasas maisiņā.
4. Nosedziet un atdzesējiet 4 stundas.
5. Nokāš marinādi.
6. Pievienojiet lasi Cosori premium pārtikas dehidratētājam.
7. Apstrādājiet 145 ° F temperatūrā 8 stundas.
8. Uzglabāšanas ieteikumi: Uzglabājiet laša ievārījumu stikla burkā ar vāku.

**Padoms:** Jūs varat apstrādāt ilgāk žāvētājā, ja vēlaties, lai zivju šķēles būtu kraukšķīgākas un sausākas.

**uzturs:** Kalorijas 389 Tauki 6,4 g Ogļhidrāti 22,9 g Olbaltumvielas 49,3 g

## cajun zivju saraustīts

**Gatavošanas laiks:** 4 stundas un 10 minūtes
**Dehidratācijas laiks: 8 stundas**
**Porcijas: 2**
**Sastāvdaļas:**
- 1 tējkarote ķiploku pulvera
- 1 tējkarote paprika
- 1 tējkarote sīpolu pulvera
- ¼ tējkarotes kajēnas piparu
- 1 ēdamkarote citrona sulas
- Pievienojiet sāli un piparus pēc garšas
- 1 mārciņa Mencas fileja, sagriezta

**Virziens:**
1. Bļodā sajauciet garšvielas, citronu sulu, sāli un piparus.
2. Garšojiet zivis ar šo maisījumu.
3. Ielieciet garšvielu zivis un marinādi atkārtoti noslēdzamā plastmasas maisiņā.
4. Marinējiet ledusskapī 4 stundas.
5. Nokāš marinādi.
6. Sakārtojiet laša šķēles uz cosori premium pārtikas žāvēšanas ierīces.
7. Apstrādājiet 145 ° F temperatūrā 8 stundas.
8. Uzglabāšanas ieteikumi: uzglabāt vakuumā noslēgtā plastmasas maisiņā vai stikla traukā ar vāku.

**Padoms:** Šai receptei varat izmantot citas baltās zivs filejas.

**uzturs:** Kalorijas 389 Tauki 6,4 g Ogļhidrāti 22,9 g Olbaltumvielas 49,3 g

# Spēle saraustīta

**Gatavošanas laiks:** 1 diena un 30 minūtes
**Dehidratācijas laiks: 4 stundas**
**Porcijas: 2**
**Sastāvdaļas:**
- 1 mārciņa brieža gaļas cepetis, sudraba āda apgriezta un plānās šķēlēs
- 4 ēdamkarotes aminokokosriekstu
- ¼ tējkarotes sīpolu pulvera
- ¼ tējkarotes ķiploku pulvera
- ¼ tējkarotes sarkano piparu pārslu
- 1 karote medus
- 4 ēdamkarotes Vusteršīras mērces
- Pievienojiet sāli un piparus pēc garšas

**Virziens:**
1. Bļodā liek brieža cepta šķēles.
2. Citā bļodā sajauc pārējās sastāvdaļas.
3. Ielejiet šo maisījumu pirmajā traukā.
4. Samaisiet, lai gaļa vienmērīgi pārklātu ar maisījumu.
5. Pārklāj bļodu.
6. Liek ledusskapī uz 1 dienu, maisot ik pēc 3 vai 4 stundām.
7. Nokāš marinādi.
8. Ievietojiet medījuma šķēles Cosori premium pārtikas dehidrētājā.
9. Apstrādājiet 160 ° F temperatūrā 4 stundas.
10. Uzglabāšanas ieteikumi: uzglabāt vakuuma maisiņos līdz 3 mēnešiem vai rāvējslēdzēja maisiņos līdz 2 nedēļām.

**Padoms:** sasaldēt medījuma gaļu 1 stundu pirms sagriešanas.

**uzturs:**Kalorijas 389 Tauki 6,4 g Ogļhidrāti 22,9 g Olbaltumvielas 49,3 g

# Hikorijs Kūpinātais Dreks

**Gatavošanas laiks:** 12 stundas un 10 minūtes
**Dehidratācijas laiks: 4 stundas**
**Porcijas: 4**
**Sastāvdaļas:**
- 1 mārciņa Liellopu gaļa apaļa, sagriezta
- ½ glāzes kūpinātas hikorijas marinādes
- ¼ glāzes bārbekjū mērces
- 2 ēdamkarotes brūnā cukura
- 1 tējkarote sīpolu pulvera
- Šķipsniņa kajēnas piparu
- Pievienojiet sāli un piparus pēc garšas

**Virziens:**
1. Ievietojiet liellopa gaļas šķēles atkārtoti noslēdzamā plastmasas maisiņā.
2. Bļodā sajauc marinādi, bārbekjū mērci, cukuru, sīpolu pulveri, kajēnu, sāli un piparus.
3. Ielejiet maisījumu maisiņā.
4. Noslēdz un marinē ledusskapī uz 12 stundām.
5. Izmetiet marinādi un pievienojiet liellopa gaļu Cosori premium pārtikas dehidratētājam.
6. Apstrādājiet 180 ° F temperatūrā 4 stundas, apgriežot pusceļā.
7. Uzglabāšanas ieteikumi: uzglabāt stikla burkā ar vāku līdz 2 nedēļām.

**Padoms:** kārto gaļu vienā kārtā, nepārklājoties.

**uzturs:** Kalorijas 389 Tauki 6,4 g Ogļhidrāti 22,9 g Olbaltumvielas 49,3 g

## Alus liellopa gaļas saraustīts

**Gatavošanas laiks:** 6 stundas un 10 minūtes
**Dehidratācijas laiks: 5 stundas**
**Porcijas: 2**
**Sastāvdaļas:**
- 1 mārciņa Liellopu gaļa apaļa, sagriezta
- ½ glāzes sojas mērces
- 2 ķiploka daiviņas, maltas
- 2 tases alus
- 1 ēdamkarote šķidru dūmu
- 1 karote medus
- Pipari pēc garšas

**Virziens:**
1. Pievienojiet liellopu gaļu atkārtoti noslēdzamā plastmasas maisiņā.
2. Bļodā sajauc pārējās sastāvdaļas.
3. Ielejiet maisījumu maisiņā.
4. Aizveriet un ievietojiet ledusskapī 6 stundas.
5. Nokāš marinādi.
6. Ievietojiet liellopu gaļu cosori premium pārtikas dehidrētājā.
7. Dehidrējiet 160 ° F temperatūrā 1 stundu.
8. Samaziniet siltumu līdz 150 grādiem F un apstrādājiet vēl 4 stundas.
9. Uzglabāšanas ieteikumi: uzglabāt pārtikas traukā ar vāku līdz 2 nedēļām.

**Padoms:** pirms dehidratācijas pārliecinieties, ka liellopu gaļa ir atbrīvota no taukiem.

**uzturs:** Kalorijas 389 Tauki 6,4 g Ogļhidrāti 22,9 g Olbaltumvielas 49,3 g

# Augļu receptes

## Neapstrādātas vīģu bumbiņas

**Pagatavošanas laiks: 15 minūtes**
**Dehidratācijas laiks: 6 stundas**
**Porcijas: 4**
**Sastāvdaļas:**
- 1 glāze neapstrādātu mandeļu
- 10 žāvētas vīģes
- ½ glāzes rozīņu
- ½ tējk. Mandeļu ekstrakts
- ½ tējk. Vaniļas ekstrakta
- ¾ glāzes nesaldinātas kokosriekstu skaidiņas

**Virziens:**
1. Ievietojiet mandeles virtuves kombainā un pulsējiet līdz malšanai. Pievienojiet vīģes, rozīnes un ekstraktus un sakuliet, līdz tie ir labi apvienoti.
2. Kad maisījums iegūst mīklas konsistenci, sarullē bumbiņas. Apviļā bumbiņas kokosriekstu skaidiņās.
3. Novietojiet bumbiņas uz žāvētāja paplātēm un žāvējiet 135 grādos 4-6 stundas.

**uzturs:** Kalorijas: 141, nātrijs: 4 mg, diētiskās šķiedras: 3 g, kopējais tauku saturs: 9,7 g, kopējais ogļhidrātu daudzums: 12,3 g, olbaltumvielas: 2,8 g.

# Garšvielu ābolu čipsi

**Pagatavošanas laiks: 15 minūtes**
**Dehidratācijas laiks: 6 stundas**
**Porcijas: 4**
**Sastāvdaļas:**
- 3-4 gatavi āboli (jebkura šķirne)
- 1 ēd.k. Malts kanēlis
- 1/8 tējk. Vai muskatrieksts, krustnagliņas, smaržīgie pipari, ingvers vai kardamons
- 1 ēd.k. Cukurs

**Virziens:**
1. Sagrieziet ābolu plānos gredzenos, kuru biezums ir no 1/8 līdz 1/4 collas. Mizas var noņemt vai atstāt neskartas. Noņemiet serdi un sēklas.
2. Sagrieztos ābolus sajauc ar kanēli, muskatriekstu, krustnagliņām un cukuru.
3. Sakārtojiet vienā rindā dehidrētājā un iestatiet temperatūru uz 135. Atstāj ābolus dehidrēt 6-8 stundas.

**uzturs:** Kalorijas: 36, nātrijs: 1 mg, šķiedrvielas: 2,7 g, kopējais tauku saturs: 0,1 g, kopējais ogļhidrātu daudzums: 10,3 g, olbaltumvielas: 0,2 g.

# Pikantā zemeņu augļu miza

**Pagatavošanas laiks: 15 minūtes**
**Dehidratācijas laiks: 6 stundas**
**Porcijas: 4**
**Sastāvdaļas:**
- 1 mārciņa zemenes, lobītas un sasmalcinātas
- 1/3 tase granulēta cukura
- 1 ēd.k. Citronu sula
- 1 jalapeno vai serrano pipars, izsēklots

**Virziens:**
1. Sasmalciniet zemenes, cukuru, citronu sulu un piparus.
2. Ielejiet maisījumu uz dehidratora augļu ādas loksnes.
3. Izklājiet biezeni vienmērīgi, apmēram 1/8 collu biezumā, uz cepešpannas.
4. Iestatiet temperatūru uz 140 grādiem. Žāvējiet 6-8 stundas vai pieskarieties ādas centram, lai noteiktu sausumu.

**uzturs:** Kalorijas: 67, nātrijs: 0 mg, šķiedrvielas: 0 g, kopējais tauku saturs: 0 g, kopējais ogļhidrātu daudzums: 17,9 g, olbaltumvielas: 0,1 g.

# Blackberry tuile

**Pagatavošanas laiks: 10 minūtes**
**Dehidratācijas laiks: 3 stundas**
**Porcijas: 4**
**Sastāvdaļas:**
- 1 ½ mārciņas kazenes
- 2 karotes baltā cukura

**Virziens:**
1. Blenderī sajauc kazenes un cukuru.
2. Izkāš maisījumu, lai noņemtu sēklas.
3. Pievienojiet maisījumu blenderī.
4. Process lielā ātrumā.
5. Ielejiet augļu šķidrumu paplātē ar augļu rulli.
6. Ievietojiet tos cosori premium pārtikas žāvētājā.
7. Dehidrējiet 165 ° F temperatūrā 3 stundas.
8. Uzglabāšanas ieteikumi: uzglabāt pārtikas traukā ar vāku, prom no tiešiem saules stariem.

**Padoms:** varat arī vispirms sagriezt kazenes un izņemt sēklas, lai tās būtu jāsajauc tikai vienu reizi.

# Augļu āda

**Pagatavošanas laiks: 30 minūtes**
**Dehidratācijas laiks: 8 stundas**
**Porcijas: 4**
**Sastāvdaļas:**
- 3 persiki, sagriezti
- 3 aprikozes, sagrieztas
- 1 karote cukura

**Virziens:**
1. Ievietojiet persikus un aprikozes katliņā uz vidēji zemas uguns.
2. Pārkaisa ar cukuru.
3. Kārtīgi samaisa.
4. Pagatavojiet 10 minūtes.
5. Ļaujiet tai atdzist.
6. Pārnes uz blenderi.
7. Blendējiet ar mazu ātrumu līdz biezenim.
8. Ielejiet maisījumu paplātē ar augļu rullīti.
9. Ievietojiet rullīti cosori premium pārtikas žāvētājā.
10. Dehidrējiet 165 grādu temperatūrā vai 8 stundas.
11. Uzglabāšanas ieteikumi: izklājiet sacietējušos augļus cepamajā traukā un ļaujiet tiem dažas minūtes atpūsties, pirms ievietojat tos pārtikas traukā.

**Padoms:** Jūs varat arī dehidrēt līdz 12 stundām, lai iegūtu sausākus rezultātus.

# Vaniļas-aprikožu šķēles

**Pagatavošanas laiks: 15 minūtes**
**Dehidratācijas laiks: 6 stundas**
**Porcijas: 4**
**Sastāvdaļas:**
- 6-9 vidēja lieluma aprikozes bez kauliņiem
- 1 ½ tējk. Mīlā
- 4 ēd.k. Karsts ūdens
- Vienas vaniļas pāksts sēklas, nokasītas

**Virziens:**
1. Bļodā sajauciet medu un vaniļas sēklas. Pievienojiet ūdeni un labi samaisiet. Maisa, līdz vaniļas sēklas ir labi atdalītas.
2. Aprikozes sagriež plānās šķēlēs. Novietojiet aprikožu šķēles uz žāvēšanas paplātes un pārklājiet ar plānu vaniļas maisījuma kārtu. Nav nepieciešams, lai visas vaniļas sēklas pieliptu pie augļiem.
3. Dehidrē 9-12 stundas 135 grādos.

**uzturs:** Kalorijas: 17, nātrijs: 0 mg, diētiskās šķiedras: 0,5 g, kopējais tauku saturs: 0,2 g, kopējais ogļhidrātu daudzums: 4,1 g, olbaltumvielas: 0,3 g.

# Arbūzu konfektes

**Pagatavošanas laiks: 15 minūtes**
**Dehidratācijas laiks: 6 stundas**
**Porcijas: 4**
**Sastāvdaļas:**
- 1 arbūzs
- Fleur de sel

**Virziens:**
1. Sagrieziet arbūzu šķēlēs un noņemiet mizu. Šķēlēm jābūt apmēram ¼ collu biezām.
2. Novietojiet arbūza šķēles uz paplātēm.
3. Arbūzam virsū uzkaisa fleur de sel.
4. Lapas ievieto 135 grādu žāvētājā uz 18 stundām.

**uzturs:**Kalorijas: 9, nātrijs: 0 mg, šķiedrvielas: 0 g, kopējais tauku saturs: 0 g, kopējais ogļhidrātu daudzums: 2,1 g, olbaltumvielas: 0,2 g.

# Medus persiki ar burbonu

**Gatavošanas laiks:** 4 stundas un 10 minūtes
**Dehidratācijas laiks: 16 stundas**
**Porcijas: 1**
**Sastāvdaļas:**
- 1 persiks, bez kauliņiem un šķēlēs
- ¼ glāzes medus
- ¼ glāzes karsta ūdens
- 3 ēdamkarotes burbona

**Virziens:**
1. Pievienojiet šķēles atkārtoti noslēdzamā plastmasas maisiņā.
2. Stikla traukā sajauciet medu un karstu ūdeni.
3. Maisa, līdz medus izšķīst.
4. Ielejiet burbonu.
5. Ļaujiet tai atdzist.
6. Kad tas ir atdzisis, pievienojiet to plastmasas maisiņā.
7. Marinējiet 4 stundas.
8. Nokāš marinādi.
9. Pievienojiet tos cosori premium pārtikas dehidratatoram.
10. Dehidrējiet 145 ° F temperatūrā 16 stundas.
11. Uzglabāšanas ieteikumi: iesaiņojiet atkārtoti noslēdzamā plastmasas maisiņā līdz 10 dienām.

**Padoms:** jūs varat arī izlaist burbonu un vienkārši marinēt medū.

**uzturs:** Kalorijas 389 Tauki 6,4 g Ogļhidrāti 22,9 g Olbaltumvielas 49,3 g

# Aveņu rullīši

**Pagatavošanas laiks: 10 minūtes**
**Dehidratācijas laiks: 5 stundas**
**Porcijas: 4**
**Sastāvdaļas:**
- 1½ mārciņas avenes
- 2 karotes cukura

**Virziens:**
1. Pievienojiet blenderī avenes un cukuru.
2. Sablenderē līdz gludai.
3. Izkāš, lai izņemtu sēklas.
4. Pievienojiet sasmalcinātās avenes atpakaļ blenderī.
5. Maisa, līdz maisījums kļūst šķidrs.
6. Pievienojiet šķidrumu paplātei ar augļu rullīti.
7. Ievietojiet tos cosori premium pārtikas žāvētājā.
8. Dehidrējiet 165 ° F temperatūrā 5 stundas.
9. Uzglabāšanas ieteikumi: uzglabāt stikla burkā ar vāku vēsā, sausā vietā.

**Padoms:** Šai receptei varat izmantot arī zemenes vai mellenes.

**uzturs:** Kalorijas 389 Tauki 6,4 g Ogļhidrāti 22,9 g Olbaltumvielas 49,3 g

## Žāvēti ābolu čipsi ar kanēli

**Pagatavošanas laiks: 15 stundas**
**Dehidratācijas laiks: 6 stundas**
**Porcijas: 2**
**Sastāvdaļas:**
- 2 āboli, sagriezti
- 1 ēdamkarote citrona sulas
- 2 tējkarotes kanēļa pulvera

**Virziens:**
1. Ābolu šķēles pārlej ar citrona sulu.
2. Sakārtojiet ābolu šķēles cosori premium pārtikas dehidrētājā.
3. Apstrādājiet 135 ° F temperatūrā 6 stundas.
4. Pirms pasniegšanas pārkaisa ar kanēli.
5. Uzglabāšanas ieteikumi: uzglabāt stikla burkā ar vāku.

**Padoms:** ja vēlaties, varat arī paturēt ābolu mizu, bet pirms apstrādes noberiet ādu ar ābolu sidra etiķi.

**uzturs:** Kalorijas 389 Tauki 6,4 g Ogļhidrāti 22,9 g Olbaltumvielas 49,3 g

# Sukādes ķirbis

**Pagatavošanas laiks: 15 minūtes**
**Dehidratācijas laiks: 8 stundas**
**Porcijas: 2**
**Sastāvdaļas:**
- 1 glāze kokosriekstu piena
- 2 glāzes ābolu mērces
- 2 glāzes ķirbju biezeņa
- ¼ glāzes medus
- ½ tējkarotes maltu smaržīgo piparu
- ½ tējkarotes malta muskatrieksta
- 1 tējkarote malta kanēļa
- ¼ glāzes kokosriekstu skaidiņas
- 2 ēdamkarotes kaltētas dzērvenes, sasmalcinātas

**Virziens:**
1. Visas sastāvdaļas sajauc bļodā.
2. Izklājiet maisījumu sava cosori premium pārtikas dehidratora augļu ādas loksnē.
3. Dehidrējiet 135 ° F temperatūrā 8 stundas.
4. Uzglabāšanas ieteikumi: pirms uzglabāšanas pārtikas traukā ar vāku nogrieziet augļu mizas.

**Padoms:** pirms apstrādes ieeļļojiet augļu ādas loksni ar mazu eļļu.

**uzturs:** Kalorijas 163 Tauki 12,3 g Ogļhidrāti 6,7 g Olbaltumvielas 6,6 g

# Oranža augļu āda

**Pagatavošanas laiks: 10 minūtes**
**Dehidratācijas laiks: 6 stundas**
**Porcijas: 4**
**Sastāvdaļas:**
- 1 glāze ābolu mērces
- 1 glāze apelsīnu sulas koncentrāta
- 32 unces. Vaniļas jogurts

**Virziens:**
1. Pievienojiet visas sastāvdaļas blenderī.
2. Pulsē līdz gludai.
3. Izklājiet maisījumu uz ruļļa.
4. Žāvējiet 135 ° F temperatūrā 6 stundas.
5. Uzglabāšanas ieteikumi: Uzglabāt hermētiskā pārtikas traukā līdz 2 nedēļām.

**Padoms:** Pirms apstrādes skārda rullīti ieziež ar nedaudz olīveļļas.

**uzturs:** Kalorijas 163 Tauki 12,3 g Ogļhidrāti 6,7 g Olbaltumvielas 6,6 g

# Žāvēts citrons

**Pagatavošanas laiks: 5 minūtes**
**Dehidratācijas laiks: 6 stundas**
**Porcijas: 2**
**Sastāvdaļas:**
- 2 citroni, sagriezti

**Virziens:**
1. Sakārtojiet citrona šķēles cosori premium pārtikas dehidrētājā.
2. Žāvējiet citronu 125 ° F temperatūrā 6 stundas.
3. Uzglabāšanas ieteikumi: uzglabāt hermētiskā traukā.

**Padoms:** pirms žāvēšanas pārklāj ar medu, ja patīk mazliet saldāks.

## Žāvēti papaijas kubi

**Pagatavošanas laiks: 10 minūtes**
**Dehidratācijas laiks: 12 stundas**
**Porcijas: 4**
**Sastāvdaļas:**
- 2 papaijas, sagrieztas kubiņos

**Virziens:**
1. Pievienojiet kubiņos sagrieztu papaiju Cosori premium pārtikas dehidratētājam.
2. Apstrādājiet 135 grādos f 12 stundas.
3. Uzglabāšanas ieteikumi: uzglabāt hermētiskā burkā.

**Padoms:** jūs varat arī apkaisīt ar cukuru pirms dehidratācijas.

**uzturs:** kalorijas: 11 olbaltumvielas: 0,04 g tauki: 0,03 g ogļhidrāti: 2,85 g

# Žāvēti kivi

**Pagatavošanas laiks: 15 minūtes**
**Dehidratācijas laiks: 12 stundas**
**Porcijas: 2**
**Sastāvdaļas:**
- 2 kivi, nomizoti un plānās šķēlēs

**Virziens:**
1. Novietojiet kivi šķēles Cosori premium pārtikas dehidratorā.
2. Žāvējiet 135 ° F temperatūrā 12 stundas.
3. Uzglabāšanas ieteikumi: uzglabāt stikla burkā ar vāku. Novietojiet burku vēsā, sausā vietā.

**Padoms:** kivi šķēlītēm jābūt vismaz 6 mm biezām.

**uzturs:** kalorijas: 11 olbaltumvielas: 0,04 g tauki: 0,03 g ogļhidrāti: 2,85 g

# Ābolu kanēļa čipsi

**Pagatavošanas laiks: 10 minūtes**
**Dehidratācijas laiks: 12 stundas**
**Porcijas: 4**
**Sastāvdaļas:**
- 2 āboli, plānās šķēlēs
- 1 karote baltā cukura
- 1 ēdamkarote citrona sulas
- ¼ tējkarotes muskatrieksta
- ½ tējkarotes vaniļas ekstrakta
- 1 tējkarote malta kanēļa

**Virziens:**
1. Visas sastāvdaļas sajauc bļodā.
2. Vienmērīgi izklājiet maisījumu pa ābolu šķēlītēm.
3. Sakārtojiet ābolu šķēles cosori premium pārtikas dehidrētājā.
4. Dehidrējiet 145 ° F temperatūrā 6 stundas.
5. Uzglabāšanas ieteikumi: uzglabāt stikla burkā ar vāku.

**Padoms:** ābolu šķēlītēm jābūt vismaz ¼ collu biezām.

# Plūmju un vīnogu miza

**Pagatavošanas laiks: 20 minūtes**
**Dehidratācijas laiks: 12 stundas**
**Porcijas: 4**
**Sastāvdaļas:**
- 2 glāzes sarkanās vīnogas (bez sēklām)
- 5 plūmes, sagrieztas
- 2 karotes cukura

**Virziens:**
1. Visas sastāvdaļas liek katliņā uz vidēji zemas uguns.
2. Pagatavojiet 15 minūtes.
3. Pārnes maisījumu blenderī.
4. Sablenderē līdz gludai.
5. Ielejiet maisījumu paplātē ar augļu rullīti.
6. Ievietojiet Cosori premium pārtikas dehidratorā.
7. Apstrādājiet 165 grādos f 12 stundas.
8. Uzglabāšanas ieteikumi: Pēc dehidratācijas un pirms uzglabāšanas nosusiniet augļu mizu uz paplātes.

**Padoms:** var apstrādāt arī tikai 8 stundas.

# Ogu miza

**Pagatavošanas laiks: 10 minūtes**
**Dehidratācijas laiks: 6 stundas**
**Porcijas: 4**
**Sastāvdaļas:**
- 1 mārciņa Zemenes
- ½ glāzes avenes
- 1 tējkarote vaniļas ekstrakta

**Virziens:**
1. Visas sastāvdaļas sajauc blenderī.
2. Pulsē līdz gludai.
3. Izkāš, lai izņemtu sēklas.
4. Ielieciet maisījumu atpakaļ blenderī.
5. Pulsē līdz gludai.
6. Ielejiet augļu biezeni augļu rullīša loksnē un ievietojiet cosori premium pārtikas žāvētājā.
7. Dehidrējiet 165 ° F temperatūrā 6 stundas.
8. Uzglabāšanas ieteikumi: pirms uzglabāšanas stikla burkā apkaisa ar balto cukuru.

**Padoms:** šai receptei varat izmantot arī citas ogas.

# Žāvētas zemenes

**Pagatavošanas laiks: 10 minūtes**
**Dehidratācijas laiks: 8 stundas**
**Porcijas: 4**
**Sastāvdaļas:**
- 1 mārciņa Zemenes, sagrieztas

**Virziens:**
1. Ievietojiet zemeņu šķēles cosori premium pārtikas žāvētājā.
2. Apstrādājiet 135 ° F temperatūrā 8 stundas.
3. Uzglabāšanas ieteikumi: uzglabāt stikla burkā ar vāku.

**Padoms:** nomizojiet un sagrieziet zemenes pirms dehidrēšanas. Šķēlēm jābūt 1/8 collu biezām.

# Lazdu riekstu banānu miza

**Pagatavošanas laiks:** 5 minūtes
**Dehidratācijas laiks:** 3 stundas
**Porcijas:** 2
**Sastāvdaļas:**
- 2 banāni, sagriezti
- Šokolādes lazdu riekstu smērējums

**Virziens:**
1. Virtuves kombainā samaisiet banānus un šokolādes lazdu riekstu smērējumu.
2. Pulsē līdz gludai.
3. Uz pergamenta papīra veidojiet apaļus apmēram ¼ collas biezus.
4. Pārnesiet uz cosori premium pārtikas dehidratatoru.
5. Apstrādājiet 125 ° F temperatūrā 4 stundas.
6. Uzglabāšanas ieteikumi: uzglabāt stikla burkā ar vāku. Novietojiet burku vēsā, sausā vietā.

**Padoms:** gardumiem vairs nevajadzētu justies lipīgi pieskaroties.

# Ābolu augļu āda

**Pagatavošanas laiks: 10 minūtes**
**Dehidratācijas laiks: 6 stundas**
**Porcijas: 2**
**Sastāvdaļas:**
- 2 glāzes ābolu mērces
- 2 glāzes saldo kartupeļu, vārīti un sasmalcināti
- ¼ glāzes medus
- 1 tējkarote kanēļa
- Pievienojiet sāli pēc garšas

**Virziens:**
1. Pievienojiet visas sastāvdaļas blenderī.
2. Pulsē līdz gludai.
3. Pievienojiet maisījumu augļu ruļļu loksnēm un ievietojiet Cosori premium pārtikas dehidratorā.
4. Žāvējiet 100 ° F temperatūrā 6 stundas.
5. Uzglabāšanas ieteikumi: Uzglabājiet ābolu mizas atkārtoti noslēdzamā plastmasas maisiņā.

**Padoms:** Lai līdzsvarotu garšu, maisījumam var pievienot arī nedaudz citrona sulas.

## Zemesriekstu sviests un banānu miza

**Pagatavošanas laiks:** 5 minūtes
**Dehidratācijas laiks:** 4 stundas
**Porcijas:** 2
**Sastāvdaļas:**
- 2 banāni, sagriezti
- 2 ēdamkarotes zemesriekstu sviesta

**Virziens:**
1. Apstrādājiet banānus un zemesriekstu sviestu virtuves kombainā 1 minūti.
2. Uzklājiet maisījuma slāni uz dehidratora loksnes.
3. Žāvējiet 135 ° F temperatūrā 4 stundas.
4. Uzglabāšanas ieteikumi: pirms uzglabāšanas nogrieziet ādu.

**Padoms:** ja vēlaties, maisījumam varat pievienot arī izkausētu šokolādi.

# Saldskābās dzērvenes

**Pagatavošanas laiks: 15 minūtes**
**Dehidratācijas laiks: 6 stundas**
**Porcijas: 4**
**Sastāvdaļas:**
- 12 unces. Dzērvenes
- ¼ glāzes kukurūzas sīrupa (vai cukura)
- Viena apelsīna un viena laima miziņa

**Virziens:**
1. Dzērvenes liek bļodā un aplej ar verdošu ūdeni, līdz mizas saplaisā. Notecina.
2. Pārklāj ogas ar kukurūzas sīrupu vai cukuru un miziņu. Novietojiet ogas uz cepešpannas un sasaldējiet 2 stundas, lai paātrinātu žūšanu.
3. Ielieciet ogas uz sieta loksnes dehidratatorā un žāvējiet 135 grādos 12-16 stundas vai līdz tās ir košļājamas.

**uzturs:** Kalorijas: 41, nātrijs: 0 mg, šķiedrvielas: 0,6 g, kopējais tauku saturs: 0 g, kopējais ogļhidrātu daudzums: 10,2 g, olbaltumvielas: 0 g.

## saldie "karameļu āboli"

**Pagatavošanas laiks: 15 minūtes**
**Dehidratācijas laiks: 6 stundas**
**Porcijas: 4**
**Sastāvdaļas:**
- 3-4 Granny Smith āboli
- ½ glāzes veikalā nopērkamās karameļu mērces

**Virziens:**
1. Sagrieziet ābolu plānos gredzenos, kuru biezums ir 1/8-1/4 collas. Mizas var noņemt vai atstāt neskartas. Noņemiet serdi un sēklas.
2. Izmantojiet konditorejas otu, lai uz katra ābolu apļa uzklātu nelielu daudzumu karameles.
3. Sakārtojiet vienā rindā dehidratatorā un iestatiet temperatūru līdz 135 grādiem. Atstājiet ābolus nožūt 10-12 stundas.

**uzturs:** Kalorijas: 41, nātrijs: 45 mg, diētiskās šķiedras: 0 g, kopējais tauku saturs: 0 g, kopējais ogļhidrātu daudzums: 10,6 g, olbaltumvielas: 0,2 g.

# Saldais kartupelis - kaņēļa āda

**Pagatavošanas laiks: 15 minūtes**
**Dehidratācijas laiks: 6 stundas**
**Porcijas: 4**
**Sastāvdaļas:**
3 vidēji saldie kartupeļi
½ tējk. Kanēlis
1/8 tējk. Malts ingvers
**Virziens:**
1. Uzkarsē cepeškrāsni līdz 400 grādiem un liek saldos kartupeļus cepamajā traukā. Pārklājiet un cepiet 35–45 minūtes vai līdz mīkstam.
2. Nomizojiet mizu un ievietojiet kartupeļus virtuves kombainā kopā ar kanēli un ingveru. Biezenis līdz gludai.
3. Ielejiet maisījumu dehidratora pannās un izklājiet līdz ¼ collu biezumam. Dehidrē 135 grādos 8-6 stundas.

**uzturs:** Kalorijas: 33, nātrijs: 3 mg, diētiskās šķiedras: 1,2 g, kopējais tauku saturs: 0,1 g, kopējais ogļhidrātu daudzums: 7,9 g, olbaltumvielas: 0,4 g

# Garšīgs žāvēts mango

**Pagatavošanas laiks: 15 minūtes**
**Dehidratācijas laiks: 6 stundas**
**Porcijas: 4**
**Sastāvdaļas:**
- 4-5 nogatavojušies mango
- 1 ēd.k. Mīļā
- 1/4 tase laima sulas
- Šķipsniņa sāls

**Virziens:**
1. Nomizojiet un sagrieziet mango plānās, plakanās sloksnēs.
2. Izšķīdiniet medu citronu sulā. Labi samaisa un pievieno sāli.
3. Iemērciet mango šķēles medus maisījumā. Nokratiet lieko.
4. Sakārtojiet vienā rindā dehidratatorā un iestatiet temperatūru līdz 135 grādiem. Atstājiet mango dehidrēt 8-9 stundas.

**uzturs:** Kalorijas: 21, nātrijs: 1 mg, šķiedrvielas: 0,5 g, kopējais tauku saturs: 0,1 g, kopējais ogļhidrātu daudzums: 5,3 g, olbaltumvielas: 0,1 g.

# Tropu ananāsu čipsi

**Pagatavošanas laiks: 15 minūtes**
**Dehidratācijas laiks: 6 stundas**
**Porcijas: 4**
**Sastāvdaļas:**
- 1 nogatavojies ananāss
- Kokosriekstu eļļa
- ½ glāzes saldinātas kokosriekstu skaidiņas
- Jūras sāls pēc garšas

**Virziens:**
1. Nomizojiet ananāsus un izņemiet serdi. Sagrieziet plānās, vienmērīgās, apmēram ½ collas biezās kārtās.
2. Izmantojot konditorejas otu, uz katras ananāsa šķēles uzsmērējiet plānu kokosriekstu eļļas kārtu. Pārkaisa ar kokosriekstu skaidiņām un nelielu daudzumu jūras sāls.
3. Sakārtojiet vienā rindā dehidratatorā un iestatiet temperatūru līdz 135 grādiem. Ļaujiet ananāsiem dehidrēt 12–16 stundas, pusceļā apgriežot šķēles, lai tās izlīdzinātu.

**uzturs:** Kalorijas: 51, nātrijs: 21 mg, diētiskās šķiedras: 0,8 g, kopējais tauku saturs: 2,6 g, kopējais ogļhidrātu daudzums: 6,1 g, olbaltumvielas: 0,7 g.

# Graudu, riekstu un sēklu receptes

## Mandeļu un dzērveņu cepumi

**Pagatavošanas laiks:** 15 minūtes
**Dehidratācijas laiks:** 6 stundas
**Porcijas:** 4
**Sastāvdaļas:**
- Mitrs mandeļu piena mīkstums
- 1 banāns
- 2 ēd.k. Kokosriekstu eļļa
- ¾ glāzes sasmalcinātu kokosriekstu skaidiņu
- ½ glāzes žāvētas dzērvenes
- 1 ēd.k. Mīļā
- ½ glāzes mandeles, rupji sasmalcinātas

**Virziens:**
1. Ievietojiet mandeļu mīkstumu, banānus un kokosriekstu eļļu virtuves kombainā.
2. Sajauc pārējās sastāvdaļas un pievieno mandeļu mīkstuma maisījumam.
3. Novietojiet nelielu mīklas karoti uz dehidratora loksnēm un saplaciniet cepumā.
4. Iestatiet temperatūru uz 105 grādiem un dehidrējiet 6 stundas vai ilgāk.
5. Iestatiet temperatūru uz 105 grādiem un dehidrējiet 6 stundas vai ilgāk.

**uzturs:** Kalorijas: 91, nātrijs: 2 mg, diētiskās šķiedras: 2,3 g, kopējais tauku saturs: 7,6 g, kopējais ogļhidrātu daudzums: 4,8 g, olbaltumvielas: 2 g.

## "Neapstrādāta" labība no āboliem un riekstiem

**Pagatavošanas laiks:** 15 minūtes
**Dehidratācijas laiks:** 6 stundas
**Porcijas:** 4

**Sastāvdaļas:**
- 1 ābols, nomizots, izņemts serdes un sagriezts kubiņos
- 1 glāze diedzētu kviešu ogu
- ½ glāzes linu sēklas, maltas
- ½ glāzes neapstrādātu, kubiņos sagrieztu valriekstu
- ½ glāzes prosas miltu
- 1 glāze saulespuķu sēklu
- 1 tējk. Kanēlis
- ¼ tējk. Sol
- ¼ glāzes kokosriekstu eļļas, izkausēta
- ¼ glāzes kļavu sīrupa
- 3 ēd.k. ābolu sula

**Virziens:**
1. Sajauc ābolu, kviešu ogas, linu sēklas, valriekstus, miltus, sēklas, kanēli un sāli.
2. Ar putojamo slotiņu sajauc kokosriekstu eļļu, kļavu sīrupu un ābolu sulu.
3. Sausās sastāvdaļas pievieno mitrajām sastāvdaļām un labi samaisa.
4. Dehidrējiet 115 grādos 18-24 stundas. Kad tie kļūst kraukšķīgi, sadaliet tos lielākos gabaliņos.

**uzturs:** Kalorijas: 120, nātrijs: 19 mg, diētiskās šķiedras: 2,5 g, kopējais tauku saturs: 7,6 g, kopējais ogļhidrātu daudzums: 9,9 g, olbaltumvielas: 4,2 g.

# Ābolu kanēļa Grehema cepumi

**Pagatavošanas laiks: 15 minūtes**
**Dehidratācijas laiks: 6 stundas**
**Porcijas: 4**
**Sastāvdaļas:**
- 1 glāze Indijas riekstu, iemērc 1 stundu
- 1 glāze pekanriekstu, iemērc 1 stundu
- 6 glāzes maltu mandeļu
- 2 āboli, nomizoti, izņemti serdes un sasmalcināti
- 1 bumbieris, nomizots, izgriezts serdes un sasmalcināts
- 1 glāze mandeļu sviesta
- 1 ½ glāzes linsēklu
- ½ glāzes medus
- 1 ēd.k. Kanēlis
- ½ tējk. Muskatrieksts
- Šķipsniņa sāls

**Virziens:**
1. Pēc tam, kad valrieksti ir izmērcēti, noteciniet un noskalojiet.
2. Indijas riekstus un pekanriekstus samaļ virtuves kombainā, līdz veidojas smalkas drupatas. Pievieno maltas mandeles un liek bļodā.
3. Virtuves kombainā sajauciet ābolus, bumbierus, mandeļu sviestu, linu sēklas, medu, kanēli, muskatriekstu un sāli. Pievieno maltus valriekstus.
4. Izklājiet maisījumu uz dehidratora pannām, apmēram ¼ collas biezas, līdz malām.

5. Dehidrē 6-8 stundas 115 grādos. Apgrieziet un sagrieziet kvadrātos. Turpiniet dehidratāciju 6-8 stundas vai līdz kraukšķīgai.

**uzturs:** Kalorijas: 160, nātrijs: 2 mg, diētiskās šķiedras: 3,5 g, kopējais tauku saturs: 13,3 g, kopējais ogļhidrātu daudzums: 6,8 g, olbaltumvielas: 5,1 g.

# Āzijas iedvesmoti rieksti

**Pagatavošanas laiks: 15 minūtes**
**Dehidratācijas laiks: 6 stundas**
**Porcijas: 4**
**Sastāvdaļas:**
- 16 unču burka grauzdētu zemesriekstu
- 1/3 tase sojas mērces
- ¼ glāzes ūdens
- 1 ½ tējk. sezama eļļa
- ½ tējk. Piecu garšvielu pulveris
- ¼ tējk. Malts ingvers

**Virziens:**
1. Ievietojiet valriekstus bļodā. Sajauc visas pārējās sastāvdaļas un sakuļ.
2. Pārlej ar riekstiem. Marinējiet valriekstus vismaz 8 stundas vai nakti.
3. Iztukšojiet šķidrumu un novietojiet riekstus uz dehidratora paplātes. Dehidrē 5 stundas 135 grādos.

**uzturs:** Kalorijas: 152, nātrijs: 5 mg, diētiskās šķiedras: 2,3 g, kopējais tauku saturs: 13,1 g, kopējais ogļhidrātu daudzums: 4,4 g, olbaltumvielas: 6,9 g.

# Banānu brokastu pankūkas

**Pagatavošanas laiks: 15 minūtes**
**Dehidratācijas laiks: 6 stundas**
**Porcijas: 4**
**Sastāvdaļas:**
- 2 vidēji gatavi banāni
- 1 tējk. Maltas linsēklas
- 1 tējk. Mandeļu milti
- 1 tējk. Mandeļu piens
- Šķīstiņa kanēļa

**Virziens:**
1. Visas sastāvdaļas liek virtuves kombainā un sablendē viendabīgā masā.
2. Novietojiet 2 dehidratora loksnes un uzlejiet uz tām maisījumu. Šķidrumam jābūt tikai apmēram 1/8 collu biezam. Izklāj ar lāpstiņu.
3. Dehidrē 115 grādos 3 stundas. Pankūkām jābūt pilnīgi gludām. Neizņemiet pankūkas agri, pretējā gadījumā tās nesaglabās savu formu. Sagriež pankūkas lieluma kārtās.

**uzturs:** Kalorijas: 48, nātrijs: 1 mg, šķiedrvielas: 1,6 g, kopējais tauku saturs: 2 g, kopējais ogļhidrātu daudzums: 6,6 g, olbaltumvielas: 1,2 g.

# Pamata "Mērcēti rieksti"

**Pagatavošanas laiks: 15 minūtes**
**Dehidratācijas laiks: 6 stundas**
**Porcijas: 4**
**Sastāvdaļas:**
- Rieksti, jebkurā daudzumā un šķirnē
- Jūras sāls, apmēram 1 ēdamkarote. Par katrām 4 tasēm riekstu
- Filtrēts ūdens (lai pārklātu riekstus)

**Virziens:**
1. Stikla traukā sajauciet valriekstus, jūras sāli un ūdeni. Pārklāj ar vāku vai šķīvi un noliek siltā vietā uz 12 stundām.
2. Noņemiet vāku un izskalojiet valriekstus caurdurī.
3. Izklājiet riekstus vienā kārtā uz dehidratora paplātēm 12-24 stundas 105-150 grādu temperatūrā.

# Linsēklu krekeri

**Pagatavošanas laiks: 15 minūtes**
**Dehidratācijas laiks: 6 stundas**
**Porcijas: 4**
**Sastāvdaļas:**
- 2 glāzes linsēklu
- 2 tases ūdens
- ¼ glāzes sojas mērces ar zemu nātrija saturu
- 2 ēd.k. sezama sēklas
- Jūras sāls un melnie pipari pēc garšas
- 1 ½ ēd.k. Svaiga laima sula

**Virziens:**
1. Linu sēklas pārlej ar ūdeni un iemērc 1-2 stundas. Maisījumam jābūt lipīgam, bet ne pārāk plānam. Pievienojiet vairāk ūdens, lai iegūtu šo tekstūru.
2. Sajauc pārējās sastāvdaļas.
3. Izklājiet maisījumu apmēram 1/8 collu biezumā uz dehidratora loksnēm.
4. Noregulējiet temperatūru uz 105-115 grādiem un dehidrējiet 4-6 stundas. Apgrieziet maisījumu un dehidrējiet vēl 4-6 stundas. Pēc dehidratācijas sagrieziet krekerus lielos gabalos.

**uzturs:** Kalorijas: 133, nātrijs: 7 mg, diētiskās šķiedras: 6,5 g, kopējais tauku saturs: 8,2 g, kopējais ogļhidrātu daudzums: 7,1 g, olbaltumvielas: 4,6 g.

# Augļi un rieksti

**Pagatavošanas laiks: 15 minūtes**
**Dehidratācijas laiks: 6 stundas**
**Porcijas: 4**
**Sastāvdaļas:**
- ½ glāzes žāvētu dateļu
- ½ glāzes vīģes
- ½ glāzes žāvētu ķiršu
- ½ glāzes žāvētu aprikožu
- ½ glāzes žāvētas dzērvenes
- 1 glāze sasmalcinātu pekanriekstu
- 1 glāze maltu mandeļu
- 3 tējk. Kokosriekstu eļļa, izkausēta
- 1 glāze kokosriekstu skaidiņas

**Virziens:**
1. Dateles, vīģes, ķiršus, aprikozes un dzērvenes smalki apstrādā virtuves kombainā. Bļodā sajauc ar valriekstiem un kokosriekstu eļļu.
2. Veido 1" bumbiņas un apviļā kokosriekstā.
3. Liek žāvētājā 135 grādos uz 6 stundām.

**uzturs:** Kalorijas: 102, nātrijs: 2 mg, diētiskās šķiedras: 2,3 g, kopējais tauku saturs: 8,4 g, kopējais ogļhidrātu daudzums: 6,9 g, olbaltumvielas: 2 g.

# Augļu un riekstu ķekari

**Pagatavošanas laiks: 15 minūtes**
**Dehidratācijas laiks: 6 stundas**
**Porcijas: 4**
**Sastāvdaļas:**
- ½ glāzes Indijas riekstu sviesta
- ½ glāzes kļavu sīrupa
- 1 ½ tējk. Kanēlis
- 1 tējk. Sol
- 1 tējk. Vaniļas ekstrakta
- 8 dateles, bez kauliņiem
- 2 glāzes Indijas riekstu
- 1 glāze pekanriekstu
- 1 glāze žāvētu dzērveņu
- 1 glāze žāvētu mellenes
- 1 glāze velmētas auzas, neapstrādātas

**Virziens:**
1. Virtuves kombainā sajauciet Indijas sviestu, kļavu sīrupu, kanēli, sāli, vaniļas ekstraktu un dateles. Pulsējiet, līdz maisījums ir gluds.
2. Bļodā sajauciet Indijas riekstus, pekanriekstus, žāvētus augļus un auzas. Uzlejiet šķidro maisījumu virsū un ļaujiet tam pārklāties.
3. Mīklu lej uz dehidratora loksnēm un dehidrē 1 stundu 145 grādos. Samaziniet temperatūru līdz 115 grādiem un turpiniet dehidratāciju līdz 24 stundām.

**uzturs:**Kalorijas: 110, nātrijs: 37 mg, diētiskās šķiedras: 1,6 g, kopējais tauku saturs: 7,9 g, kopējais ogļhidrātu daudzums: 9,2 g, olbaltumvielas: 2,8 g.

# Greiems krekeri"

**Pagatavošanas laiks: 15 minūtes**
**Dehidratācijas laiks: 6 stundas**
**Porcijas: 4**
**Sastāvdaļas:**
- 4 glāzes mandeļu miltu
- 1 glāze auzu miltu
- ½ glāzes linu sēklu
- ½ glāzes mandeļu piena
- 1 glāze kļavu sīrupa
- 1 ēd.k. Vaniļa
- 1 ēd.k. Kanēlis

**Virziens:**
1. Pārvelciet visas sastāvdaļas virtuves kombainā.
2. Izklājiet uz dehidratora paplātēm. Pārliecinieties, vai Graham krekinga maisījums ir apmēram 1/8 collas biezs. Dehidrē 115 grādos 4 stundas.
3. Sagrieziet kvadrātos, pēc tam apgrieziet un dehidrējiet vēl 6 stundas.

**uzturs:** Kalorijas: 142, nātrijs: 7 mg, diētiskās šķiedras: 3,2 g, kopējais tauku saturs: 10,2 g, kopējais ogļhidrātu daudzums: 9,6 g, olbaltumvielas: 5 g.

# SECINĀJUMS

Dehidratācija var būt lielisks risinājums daudziem cilvēkiem, kuri cenšas atrast lētāku un veselīgāku veidu, kā ēst, uzglabāt un saglabāt savu pārtiku. Pēc sākotnējā ieguldījuma, kas tiek veikts, iegādājoties dehidratācijas līdzekļus, sava ēdiena konservēšana virtuvē var būt izdevīga un ekonomiska pieredze. Iesācējiem, kuri tikai mēģina saprast, vai viņi vēlas veikt dehaydrating ilgtermiņā, jums nav jāpieliek pūles, lai iegādātos visus piederumus. Ir daudz alternatīvu standarta dehidratācijas piederumiem, ko varat iegādāties — tie parasti ir lētāki un tikpat efektīvi kā oriģinālie konservēšanas piederumi.

Tomēr jums jāzina, ka dažādiem pārtikas produktiem ir dažādas metodes. Dažas metodes ietver verdošu ūdeni; citas metodes ietver spiediena katlus un citus instrumentus. Izmantojot katru metodi, ir nepieciešami dažādi izejmateriālu komplekti. Ja esat iesācējs, jums būs grūti atrast pareizos rīkus un izvēlēties pareizās pārtikas konservēšanas un konservēšanas metodes.

Kad ēdiens iziet no dehidratora, tas izskatās ievērojami atšķirīgs no sākotnējā stāvokļa. Humuss un zupas var izskatīties tik saplaisājušas un sausas kā tuksneša grīda. Ēdiens no paplātes var izdalīties plānās loksnēs, kuras varat sadalīt mazākos gabaliņos. Pareizi izžāvēti augļu gabali izliecas, bet nelūzt un nejūtas mitri, kad tos saspiež. Pārējiem ēdieniem – dārzeņiem, graudiem un pākšaugiem – jābūt cietiem un sausiem.

Dehidratatorā ir iespējams sadedzināt pārtiku, tāpēc pievērsiet uzmanību receptēs norādītajiem temperatūras un laika ieteikumiem. Turklāt, mācoties dehidrēt pārtiku, noteikti pārbaudiet ēdienu ik pēc dažām stundām. Jums var būt nepieciešams pagriezt paplātes, lai nodrošinātu, ka ēdiens izžūst vienmērīgi, un, ja konstatējat, ka daļa receptes ir izžuvusi pirms pārējās, noņemiet šo daļu un uzglabājiet to, kamēr pārējā receptes daļa turpina žūt. Bieži katrā receptē ir viena sastāvdaļa, kuras žāvēšana prasa ilgāku laiku nekā pārējām, un šī sastāvdaļa receptē tiks saukta par barometru, kas norāda, kad ēdiens ir sauss. Piemēram, sarkanā karija dārzeņu maisījumā šī sastāvdaļa ir sarkanie pipari, kuriem ir ļoti augsts ūdens saturs.

Žāvētas pārtikas uzglabāšana ir galvenais solis, lai nodrošinātu ilgāko glabāšanas laiku. Ja tas netiek pareizi uzglabāts, mitrums, karstums un skābeklis saīsina glabāšanas laiku un sabojā tos ātrāk, nekā paredzēts. Uzglabājiet dehidrētos pārtikas produktus vēsā, sausā vietā vai rāvējslēdzēja maisiņos saldētavā, lai nodrošinātu ilgāku glabāšanas laiku. To var palielināt, maisiņus noslēdzot ar vakuumu un pēc tam uzglabājot tos saldētavā.

Grāmatas morāle ir tāda, ka, pirms jūs pārāk aizraujaties ar žāvētu pārtikas produktu partijas dehidrēšanu un pieliekamā piepildīšanu ar visiem iecienītākajiem ēdieniem, jums ir jāizpēta un jāpraktizē visi dehidratācijas noteikumi, kā arī jāgūst priekšstats par to. vieta, kas jums būs uzglabāšanai; tie nebūs noderīgi, ja žāvēsiet vairāk par pieejamo platību, ja vien neplānojat tos pārdot vai atdot.

Atcerieties, ka dažādiem pārtikas produktiem ir atšķirīgs laiks un priekšapstrāde, tāpēc jums ir attiecīgi jāievēro katrs solis. Rūpīga pārtikas žāvēšana ir veiksmīgas dehidratācijas atslēga. Šķidruma klātbūtne dehidrētā pārtikā padara to smirdīgu un pakļautu daudzām kaitīgām baktērijām, piemēram, E. coli. Arī augstākās kvalitātes pārtikas izvēle nodrošina veselīgu un perfektu žāvētu pārtiku. Vienmēr dodiet priekšroku zemnieku tirgum, izvēloties augļus un dārzeņus, jo tie nodrošina svaigāko pārtiku.

Kad sākat ar savām radošajām dehidratācijas idejām, mēģiniet ierobežot to līdz vienai vai divām jaunām sastāvdaļām. Dažreiz tā, kas šķiet lieliska ideja, var sajaukt garšas vai akcentēt oriģinālo augļu, dārzeņu vai gaļas garšu. Sastāvdaļu ierobežošana līdz vienam vai diviem iespējamiem aizdomās turamajiem ļaus ātri identificēt vainīgo.

www.ingramcontent.com/pod-product-compliance
Lightning Source LLC
Chambersburg PA
CBHW070405120526
44590CB00014B/1272